1 4주 완성의 계획적인 수학 학습!

2 시간 내 푸는 연습을 통한 실전 감각 향상!

3 다양한 구성의 문제로 사고력 향상!

계산력이 왜 중요한가?

계산력은 수학의 뿌리!
계산력 없이 수학은 생각할 수 없지.
수학은 계통성의 학문이라고 해.
역연산으로 인해 덧셈이 뺄셈의 기초가 되고,
곱셈이 확립되어야
나눗셈이 가능해지기 때문이지.
따라서 수학의 근간인 기초 계산력을
완벽하게 다져 주는 것이야말로
수학 만점으로 가는 첫걸음이지.

개념 만화

만화를 통한 원리 깨치기

만화를 통한 계산 원리와 개념을
이해할 수 있습니다.

1단계

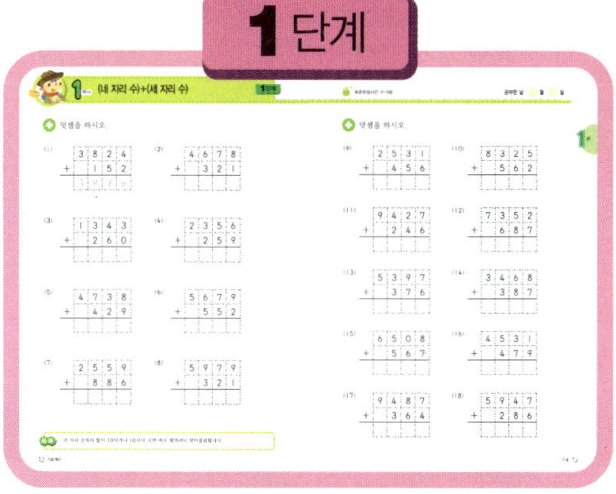

집중 연습으로 계산력 다지기

집중 연습 문제로 기초 계산력을
완벽하게 다질 수 있습니다.

2단계

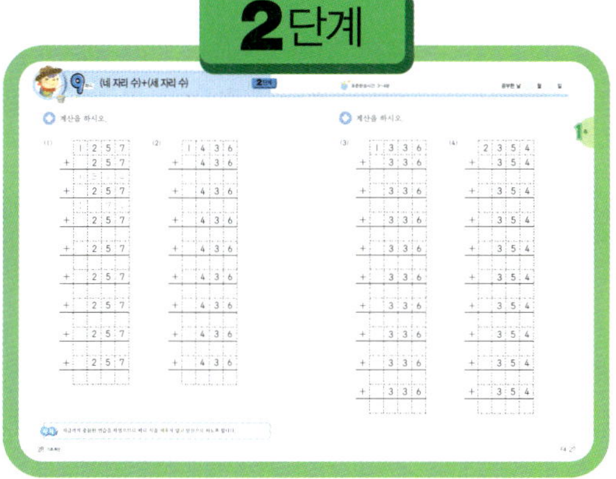

퍼즐형 문제로 정확성 기르기

흥미로운 퍼즐형 문제로 이루어져
집중력과 정확성까지 기를 수 있습니다.

3단계

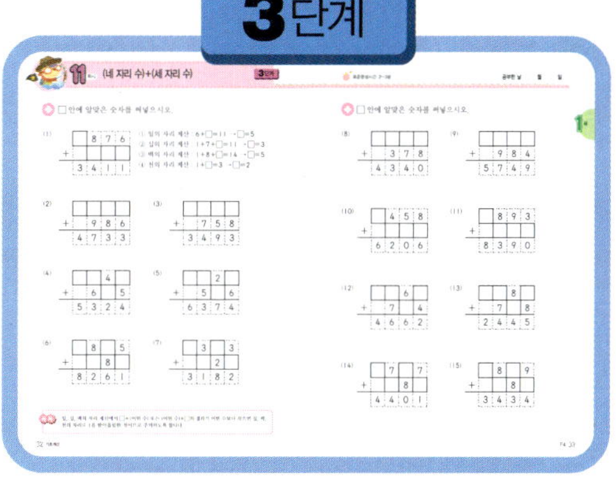

다양한 문제로 사고력 키우기

다양한 문제를 통해 수학적 사고력과
문제 해결력을 높일 수 있습니다.

내용 구성표

권	주	A단계 (5~7세)	B단계 (5~7세)	C단계 (5~7세)
1권	1	일대일 대응, 많다 · 적다	더하기 3 : (1~7)+3	빼기 5 : (1~20)−5
	2	1~5 수 익히기	더하기 3 : (1~17)+3	빼기 6 : (1~20)−6
	3	1~5 수 익히기	더하기 3 : (1~27)+3	빼기 4, 5, 6의 종합
	4	0, 6~10 수 익히기	더하기 1, 2, 3의 종합	더하기 · 빼기의 종합 ①
2권	1	0, 6~10 수 익히기	빼기 1 : (1~10)−1	더하기 · 빼기의 종합 ②
	2	1~10 종합	빼기 1 : (1~20)−1	더하기 7 : (1~9)+7
	3	수 가르기와 수 모으기(1, 2, 3, 4, 5)	빼기 2 : (1~10)−2	더하기 7 : (1~19)+7
	4	수 가르기와 수 모으기(6, 7, 8, 9, 10)	빼기 2 : (1~20)−2	더하기 7 : (1~23)+7
3권	1	11~20 수 익히기	빼기 3 : (1~10)−3	더하기 8 : (1~9)+8
	2	11~20 수 익히기	빼기 3 : (1~20)−3	더하기 8 : (1~22)+8
	3	1~20 종합	빼기 1, 2, 3의 종합	더하기 9 : (1~9)+9
	4	21~30 수 익히기	더하기 · 빼기의 관계 ①	더하기 9 : (1~21)+9
4권	1	31~40 수 익히기	더하기 · 빼기의 관계 ②	더하기 10 : (1~20)+10
	2	41~50 수 익히기	더하기 4 : (1~6)+4	더하기 7, 8, 9, 10의 종합
	3	1~50 종합	더하기 4 : (1~16)+4	더하기 1~10의 종합
	4	51~70 수 익히기	더하기 4 : (1~26)+4	빼기 7 : (1~20)−7
5권	1	71~100 수 익히기	더하기 5 : (1~9)+5	빼기 8 : (1~20)−8
	2	1~100 종합	더하기 5 : (1~15)+5	빼기 9 : (1~20)−9
	3	더하기 1 : (1~9)+1	더하기 5 : (1~25)+5	빼기 10 : (1~20)−10
	4	더하기 1 : (1~19)+1	더하기 6 : (1~9)+6	빼기 7, 8, 9, 10의 종합
6권	1	더하기 1 : (1~29)+1	더하기 6 : (1~14)+6	빼기 1~10의 종합
	2	더하기 2 : (1~8)+2	더하기 6 : (1~24)+6	더하기 · 빼기의 종합 ③
	3	더하기 2 : (1~18)+2	더하기 4, 5, 6의 종합	더하기 · 빼기의 종합 ④
	4	더하기 2 : (1~28)+2	빼기 4 : (1~20)−4	재미있는 더하기 · 빼기의 규칙

권	주	D단계 (초1)	E단계 (초2)	F단계 (초3)	G단계 (초4)
1권	1	더하기 1, 2, 3	받아올림이 있는 (두 자리 수)+(한 자리 수)	(세 자리 수)+(세 자리 수) ①	100, 1000, 10000, 몇백, 몇천 곱하기
	2	합이 5까지인 덧셈	받아내림이 있는 (두 자리 수)−(한 자리 수)	(세 자리 수)+(세 자리 수) ②	(세 자리 수)×(두 자리 수)
	3	합이 9까지인 덧셈	세 수의 덧셈	(세 자리 수)−(세 자리 수) ①	(네 자리 수)×(두 자리 수)
	4	받아올림이 없는 (한 자리 수)+(한 자리 수)	세 수의 뺄셈	(세 자리 수)−(세 자리 수) ②	(세 자리 수)×(세 자리 수)
2권	1	빼기 1, 2, 3	일의 자리에서 받아올림이 있는 (두 자리 수)+(두 자리 수)	2, 3, 4, 5의 단 곱셈구구를 이용한 나눗셈	(세 자리 수)÷(한 자리 수)
	2	5까지의 뺄셈	십의 자리에서 받아올림이 있는 (두 자리 수)+(두 자리 수)	6, 7, 8, 9의 단 곱셈구구를 이용한 나눗셈	(두·세 자리 수)÷(몇십)
	3	9까지의 뺄셈	일, 십의 자리에서 받아올림이 있는 (두 자리 수)+(두 자리 수)	곱셈구구를 이용한 나눗셈 ①	(두·세 자리 수)÷(두 자리 수)
	4	(한 자리 수)−(한 자리 수)	받아올림이 있는 (두 자리 수)+(두 자리 수)	곱셈구구를 이용한 나눗셈 ②	(세·네 자리 수)÷(두 자리 수)
3권	1	10이 되는 더하기	받아내림이 있는 (두 자리 수)−(두 자리 수) ①	(두 자리 수)×(한 자리 수) ①	덧셈과 뺄셈의 혼합 계산
	2	10에서 빼기	받아내림이 있는 (두 자리 수)−(두 자리 수) ②	(두 자리 수)×(한 자리 수) ②	곱셈과 나눗셈의 혼합 계산
	3	세 수의 계산 ①	세 수의 계산 ①	(두 자리 수)×(한 자리 수) ③	혼합 계산 1
	4	세 수의 계산 ②	세 수의 계산 ②	(두 자리 수)×(한 자리 수) ④	혼합 계산 2
4권	1	받아올림이 없는 (두 자리 수)+(한 자리 수)	2, 3, 4, 5의 단 곱셈구구	(네 자리 수)+(세 자리 수)	분수의 이해 1
	2	받아올림이 없는 (두 자리 수)+(두 자리 수)	6, 7, 8, 9의 단 곱셈구구	(네 자리 수)+(네 자리 수)	분수의 이해 2
	3	받아내림이 없는 (두 자리 수)−(한 자리 수)	곱셈구구 ①	(네 자리 수)−(세 자리 수)	분수의 이해 3
	4	받아내림이 없는 (두 자리 수)−(두 자리 수)	곱셈구구 ②	(네 자리 수)−(네 자리 수)	분수의 덧셈
5권	1	두 수의 합이 10이 되는 세 수의 덧셈	받아올림이 없는 (세 자리 수)+(세 자리 수)	(세 자리 수)×(한 자리 수)	분수의 덧셈
	2	(한 자리 수)+(한 자리 수) ①	일의 자리에서 받아올림이 있는 (세 자리 수)+(세 자리 수)	(한 자리 수)×(두 자리 수)	분수의 뺄셈 1
	3	(한 자리 수)+(한 자리 수) ②	십의 자리에서 받아올림이 있는 (세 자리 수)+(세 자리 수)	(두 자리 수)×(두 자리 수) ①	분수의 뺄셈 2
	4	(한 자리 수)+(한 자리 수)의 종합	일, 십의 자리에서 받아올림이 있는 (세 자리 수)+(세 자리 수)	(두 자리 수)×(두 자리 수) ②	세 분수의 덧셈과 뺄셈
6권	1	(십 몇)−(한 자리 수) ①	받아내림이 없는 (세 자리 수)−(세 자리 수)	(두 자리 수)÷(한 자리 수) ①	소수 한 자리 수의 덧셈
	2	(십 몇)−(한 자리 수) ②	십의 자리에서 받아내림이 있는 (세 자리 수)−(세 자리 수)	(두 자리 수)÷(한 자리 수) ②	소수 두·세 자리 수의 덧셈
	3	세 수의 덧셈	백의 자리에서 받아내림이 있는 (세 자리 수)−(세 자리 수)	(두 자리 수)÷(한 자리 수) ③	소수 한 자리 수의 뺄셈
	4	세 수의 뺄셈	십, 백의 자리에서 받아내림이 있는 (세 자리 수)−(세 자리 수)	(두 자리 수)÷(한 자리 수) ④	소수 두·세 자리 수의 뺄셈

Q & A 활용 가이드

Q

A

아이 수준을 몰라서
어느 단계의 교재를
선택하면 될지 모르겠어요.

한 페이지에서
틀린 문제가 6문제 이상이면
이전 단계의
교재부터 시작하세요.

계산 실수를 자주 해요.

정해진 시간 안에 푸는
연습으로 실전 감각을
키우세요.

시험 시간이 부족해요.

매일매일 공부하는
습관으로
정확성을 키우세요.

공부 계획을
스스로 세우기 힘들어요.

스케줄표를 이용해
계획을 세워
2주, 4주 완성에 도전하세요.

4주 완성 스케줄표

1주	1일	2일	3일	4일	5일	6일
확인	12~15쪽	16~19쪽	20~23쪽	24~27쪽	28~31쪽	32~35쪽

2주	7일	8일	9일	10일	11일	12일
확인	40~43쪽	44~47쪽	48~51쪽	52~55쪽	56~59쪽	60~63쪽

3주	13일	14일	15일	16일	17일	18일
확인	68~71쪽	72~75쪽	76~79쪽	80~83쪽	84~87쪽	88~91쪽

4주	19일	20일	21일	22일	23일	24일
확인	96~99쪽	100~103쪽	104~107쪽	108~111쪽	112~115쪽	116~119쪽

※ 매일 4장(4차시)씩 풀면 12일 만에 완성할 수 있습니다.

(네 자리 수)+(세 자리 수)

매일 학습이 끝나면 채점을 하고 체크표를 작성하여 나의 실력을 알아보세요.

차시	단계	공부한 날	잘 했나요?
1차시	1단계	월 일	☺ ☺ 😑 😣
2차시		월 일	☺ ☺ 😑 😣
3차시		월 일	☺ ☺ 😑 😣
4차시		월 일	☺ ☺ 😑 😣
5차시		월 일	☺ ☺ 😑 😣
6차시		월 일	☺ ☺ 😑 😣
7차시		월 일	☺ ☺ 😑 😣
8차시		월 일	☺ ☺ 😑 😣
9차시	2단계	월 일	☺ ☺ 😑 😣
10차시		월 일	☺ ☺ 😑 😣
11차시	3단계	월 일	☺ ☺ 😑 😣
12차시		월 일	☺ ☺ 😑 😣

틀린 개수가

0~1 개이면 ☺ (아주 잘함)에, 2~3 개이면 ☺ (잘함)에,

4~5 개이면 😑 (보통)에, 6개 이상이면 😣 (노력 바람)에 색칠해 주세요.

만화로 개념 알아보기

 받아올림이 있는 (네 자리 수)+(세 자리 수)의 계산을 여러 가지 방법으로 해결하고 덧셈의 기초를 다집니다.

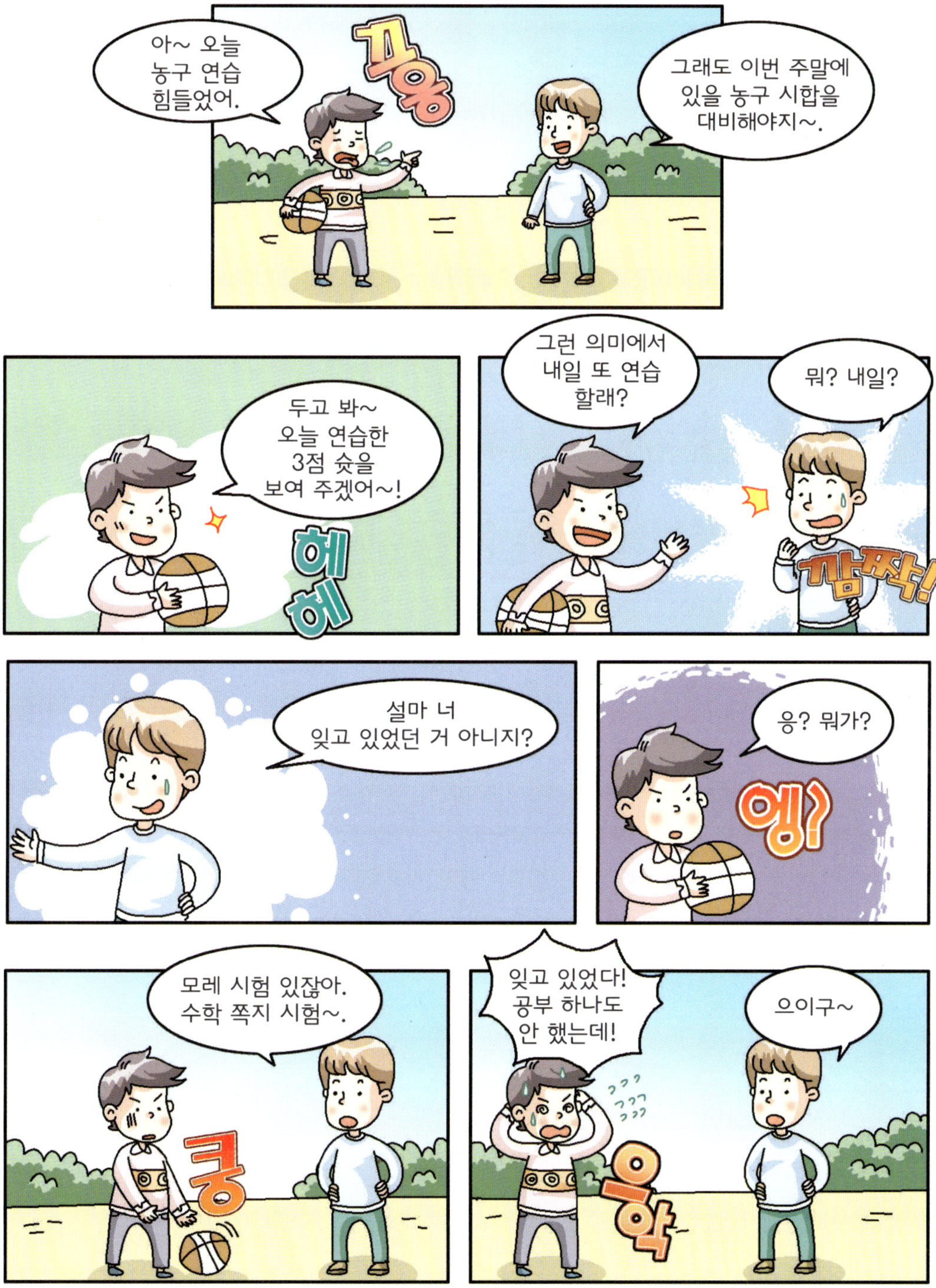

1주

아니!
눈이 왜 이렇게
퀭~한 거야?

6739+494를
어떻게 계산하는지
모르겠어.

7233이네!

받아올림이 있는
(네 자리 수)
+(세 자리 수)
를 공부하면 돼.

맞아! 그 내용만
알면 어렵지 않아~.

빨리
가르쳐주기나
해.

(1) 일의 자리
먼저 계산하고!
9+4=13

(2) 십의 자리 계산~
1+3+9=13

(3) 백의 자리 계산~
1+7+4=12

(4) 마지막으로
천의 자리를
계산하면 돼~
1+6=7

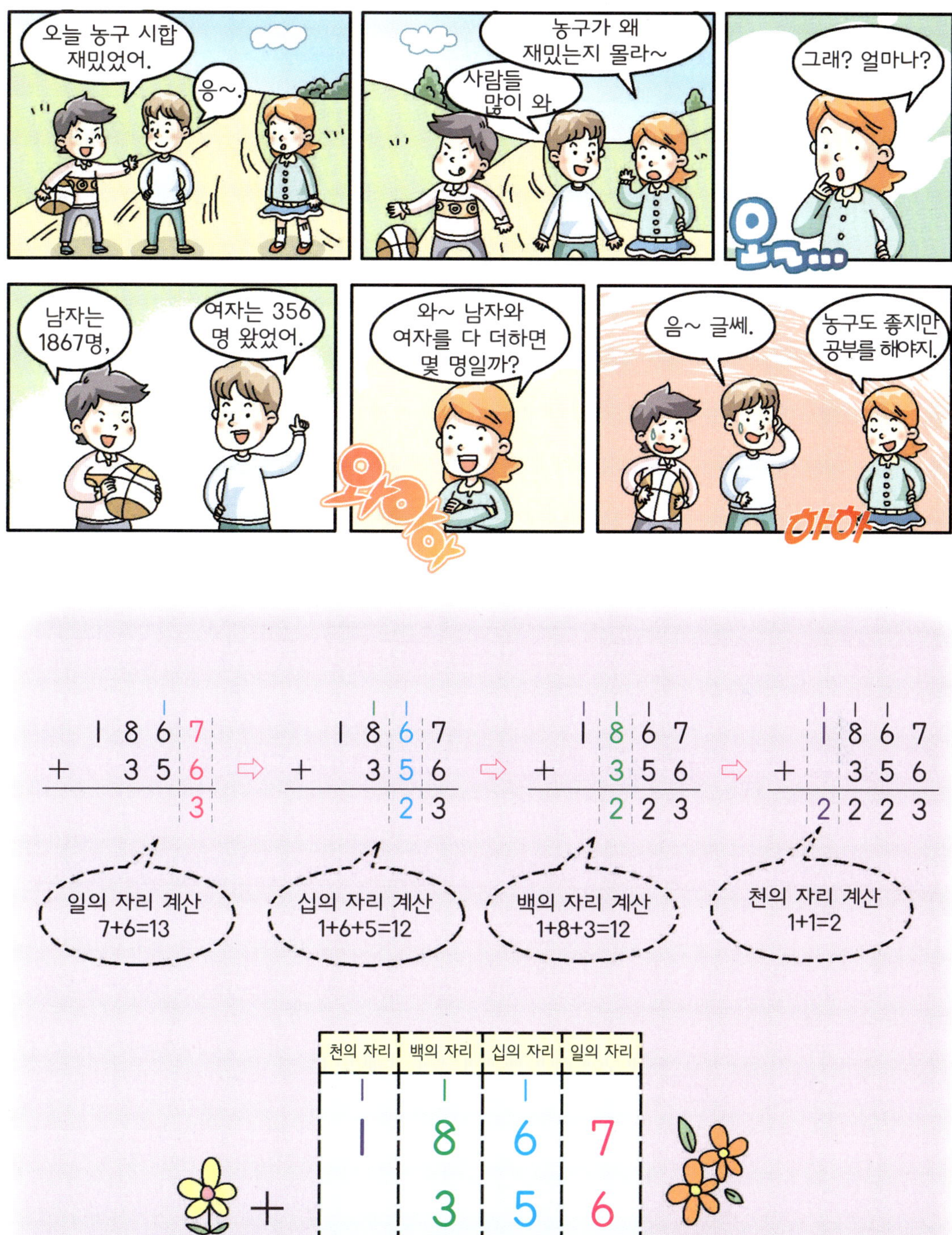

천의 자리	백의 자리	십의 자리	일의 자리
	1	1	
1	8	6	7
+	3	5	6
2	2	2	3

➕ 덧셈을 하시오.

(1)
```
    3 8 2 4
  +   1 5 2
  ─────────
    3 9 7 6
```

(2)
```
    4 6 7 8
  +   3 2 1
  ─────────
```

(3)
```
    1 3 4 3
  +   2 6 0
  ─────────
```

(4)
```
    2 3 5 6
  +   2 5 9
  ─────────
```

(5)
```
    4 7 3 8
  +   4 2 9
  ─────────
```

(6)
```
    5 6 7 9
  +   5 5 2
  ─────────
```

(7)
```
    2 5 5 9
  +   8 8 6
  ─────────
```

(8)
```
    5 9 7 9
  +   3 2 1
  ─────────
```

꼭꼭　각 자리 숫자의 합이 10이거나 10보다 크면 바로 윗자리로 받아올림합니다.

 덧셈을 하시오.

(9)
```
    2 5 3 1
  +   4 5 6
```

(10)
```
    8 3 2 5
  +   5 6 2
```

(11)
```
    9 4 2 7
  +   2 4 6
```

(12)
```
    7 3 5 2
  +   6 8 7
```

(13)
```
    5 3 9 7
  +   3 7 6
```

(14)
```
    3 4 6 8
  +   3 8 7
```

(15)
```
    6 5 0 8
  +   5 6 7
```

(16)
```
    4 5 3 1
  +   4 7 9
```

(17)
```
    9 4 8 7
  +   3 6 4
```

(18)
```
    5 9 4 7
  +   2 8 6
```

 덧셈을 하시오.

(1)
$$\begin{array}{r} 5\ 8\ 4\ 2 \\ +\quad\ 2\ 3\ 8 \\ \hline \end{array}$$

(2)
$$\begin{array}{r} 4\ 5\ 7\ 9 \\ +\quad\ 3\ 6\ 5 \\ \hline \end{array}$$

(3)
$$\begin{array}{r} 6\ 7\ 5\ 9 \\ +\quad\ 4\ 7\ 2 \\ \hline \end{array}$$

(4)
$$\begin{array}{r} 3\ 7\ 0\ 8 \\ +\quad\ 2\ 9\ 3 \\ \hline \end{array}$$

(5)
$$\begin{array}{r} 7\ 4\ 5\ 3 \\ +\quad\ 2\ 7\ 8 \\ \hline \end{array}$$

(6)
$$\begin{array}{r} 6\ 4\ 8\ 6 \\ +\quad\ 2\ 5\ 7 \\ \hline \end{array}$$

(7)
$$\begin{array}{r} 3\ 7\ 6\ 8 \\ +\quad\ 4\ 8\ 5 \\ \hline \end{array}$$

(8)
$$\begin{array}{r} 5\ 3\ 7\ 5 \\ +\quad\ 1\ 9\ 6 \\ \hline \end{array}$$

(9)
$$\begin{array}{r} 3\ 1\ 4\ 5 \\ +\quad\ 8\ 7\ 6 \\ \hline \end{array}$$

(10)
$$\begin{array}{r} 6\ 5\ 7\ 4 \\ +\quad\ 4\ 5\ 9 \\ \hline \end{array}$$

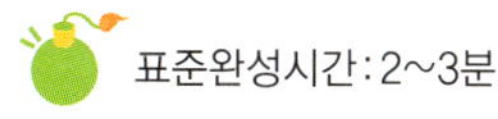

 덧셈을 하시오.

1주

(11)
```
    3 8 7 2
  +   2 3 9
```

(12)
```
    6 3 4 8
  +   3 7 6
```

(13)
```
    7 6 9 7
  +   2 6 8
```

(14)
```
    8 9 5 7
  +   2 6 7
```

(15)
```
    4 5 6 8
  +   4 6 9
```

(16)
```
    6 3 8 7
  +   4 8 7
```

(17)
```
    7 5 8 6
  +   1 8 7
```

(18)
```
    3 9 2 3
  +   2 4 8
```

(19)
```
    3 2 4 9
  +   2 8 7
```

(20)
```
    4 6 4 8
  +   3 7 6
```

3 차시 (네 자리 수)+(세 자리 수) 1단계

 덧셈을 하시오.

(1)
```
    1 1 1
    3 8 6 8
+     2 3 6
```
① 일의 자리 계산 : 8+6=14
② 십의 자리 계산 : 1+6+3=10
③ 백의 자리 계산 : 1+8+2=11
④ 천의 자리 계산 : 1+3=4

(2)
```
  7 8 3 4
+   4 5 8
```

(3)
```
  8 9 8 5
+   5 3 7
```

(4)
```
  5 9 5 7
+   4 0 7
```

(5)
```
  4 7 5 6
+   2 4 8
```

(6)
```
  6 4 5 4
+   6 7 9
```

(7)
```
  7 8 7 3
+   4 2 8
```

꼭꼭 각 자리 숫자의 합이 10이거나 10보다 크면 바로 윗자리로 받아올림합니다.

1주

❁ 덧셈을 하시오.

(8)
$$\begin{array}{r} 4345 \\ +\ \ 273 \\ \hline \end{array}$$

(9)
$$\begin{array}{r} 5296 \\ +\ \ 504 \\ \hline \end{array}$$

(10)
$$\begin{array}{r} 7397 \\ +\ \ 472 \\ \hline \end{array}$$

(11)
$$\begin{array}{r} 3808 \\ +\ \ 546 \\ \hline \end{array}$$

(12)
$$\begin{array}{r} 5196 \\ +\ \ 185 \\ \hline \end{array}$$

(13)
$$\begin{array}{r} 8645 \\ +\ \ 336 \\ \hline \end{array}$$

(14)
$$\begin{array}{r} 4967 \\ +\ \ 428 \\ \hline \end{array}$$

(15)
$$\begin{array}{r} 2424 \\ +\ \ 577 \\ \hline \end{array}$$

(16)
$$\begin{array}{r} 1576 \\ +\ \ 548 \\ \hline \end{array}$$

(17)
$$\begin{array}{r} 6769 \\ +\ \ 265 \\ \hline \end{array}$$

 덧셈을 하시오.

(1)
```
  2 8 5 4
+   3 2 5
```

(2)
```
  1 5 3 7
+   7 2 9
```

(3)
```
  4 1 8 6
+   2 9 5
```

(4)
```
  4 8 2 9
+   1 3 5
```

(5)
```
  2 7 6 8
+   4 5 4
```

(6)
```
  5 4 3 5
+   2 7 8
```

(7)
```
  1 9 1 4
+   2 3 7
```

(8)
```
  4 3 9 7
+   8 7 3
```

(9)
```
  2 6 4 8
+   4 6 7
```

(10)
```
  5 7 6 8
+   8 4 9
```

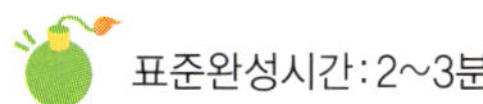

1주

 덧셈을 하시오.

(11)
```
  3 6 7 6
+   2 4 6
```

(12)
```
  3 2 4 5
+   4 5 9
```

(13)
```
  2 6 3 8
+   4 4 7
```

(14)
```
  2 4 7 5
+   5 6 2
```

(15)
```
  2 3 5 7
+   2 9 6
```

(16)
```
  5 3 5 8
+   3 4 8
```

(17)
```
  3 5 3 9
+   2 7 8
```

(18)
```
  2 8 6 8
+   6 3 9
```

(19)
```
  1 4 8 6
+   7 8 6
```

(20)
```
  4 8 9 7
+   3 4 3
```

5 차시 (네 자리 수)+(세 자리 수)

 가로셈을 세로셈으로 고쳐 계산하시오.

(1) 6428+273

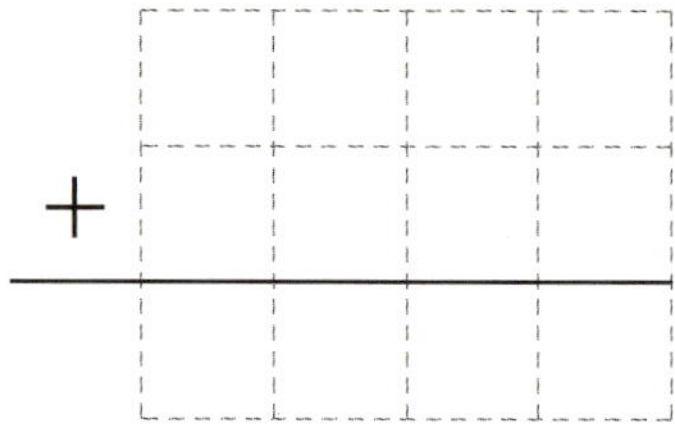

(2) 4317+175

(3) 8367+355

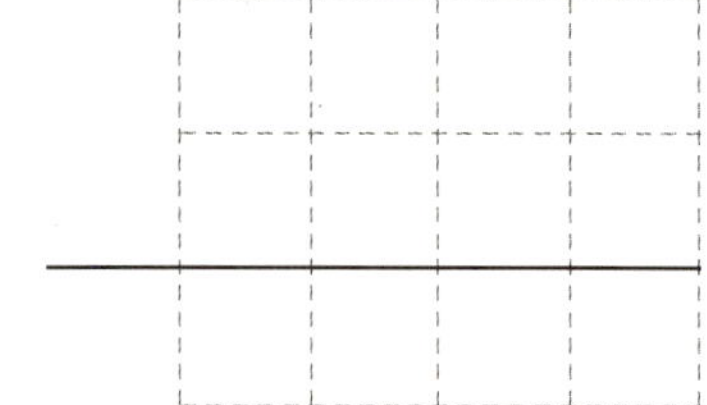

(4) 2946+234

(5) 3237+576

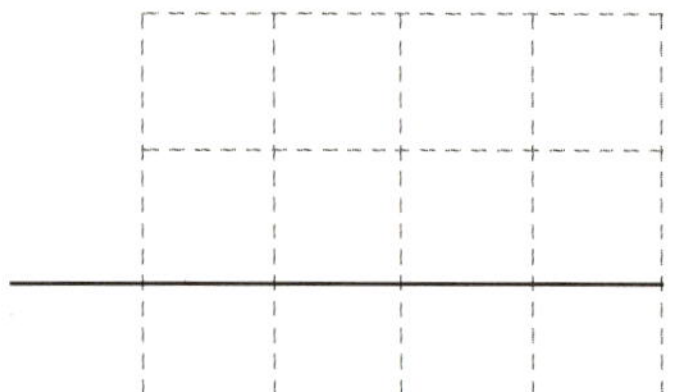

(6) 2496+958

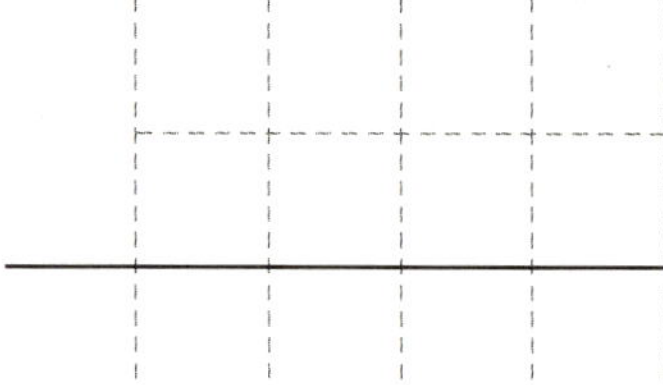

 가로셈을 세로셈으로 고쳐 계산할 때에는 자리를 맞추어 쓰고 일의 자리, 십의 자리, 백의 자리, 천의 자리의 순서로 계산합니다.

가로셈을 세로셈으로 고쳐 계산하시오.

(7)　7758+193

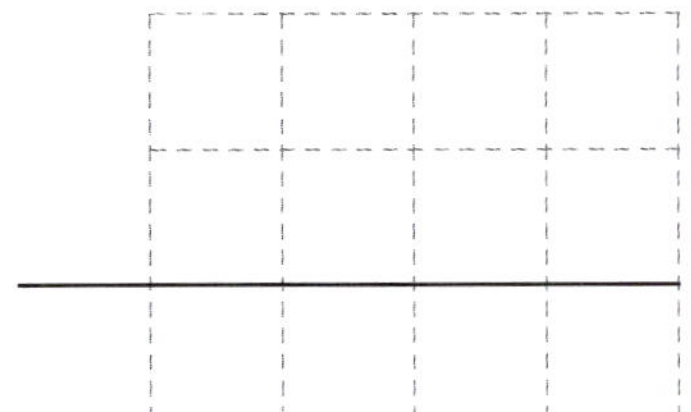

(8)　5919+294

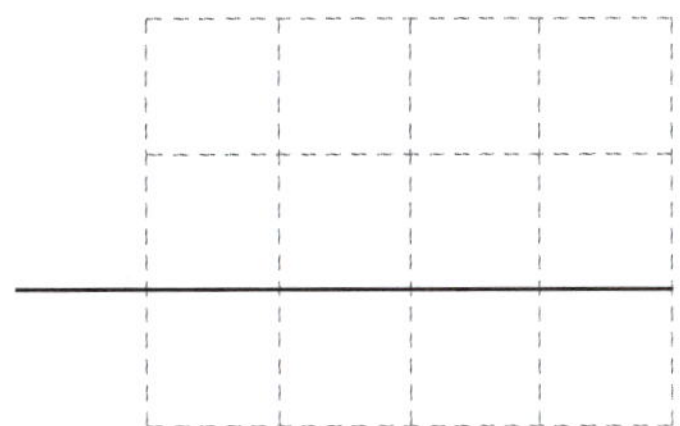

(9)　4648+294

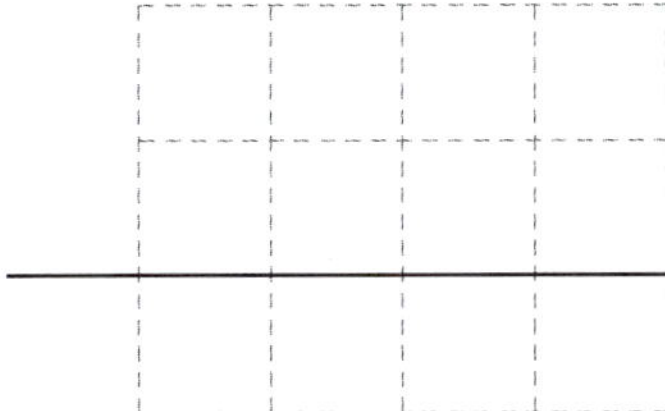

(10)　6683+249

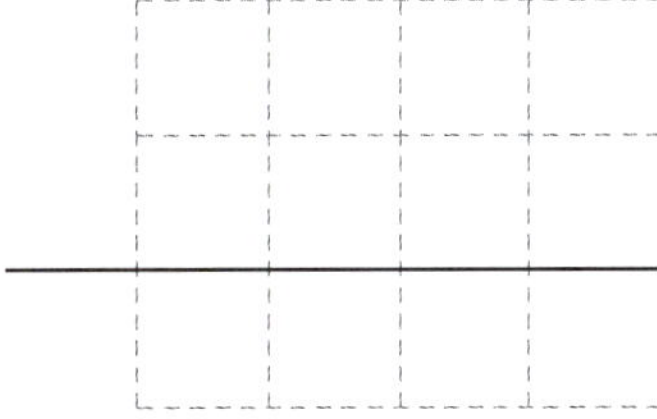

(11)　4397+344

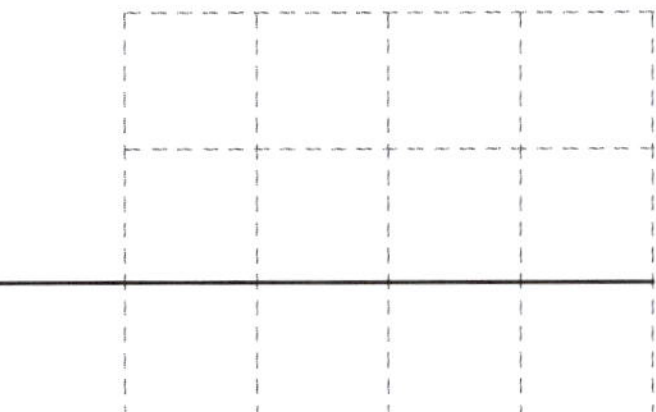

(12)　2858+574

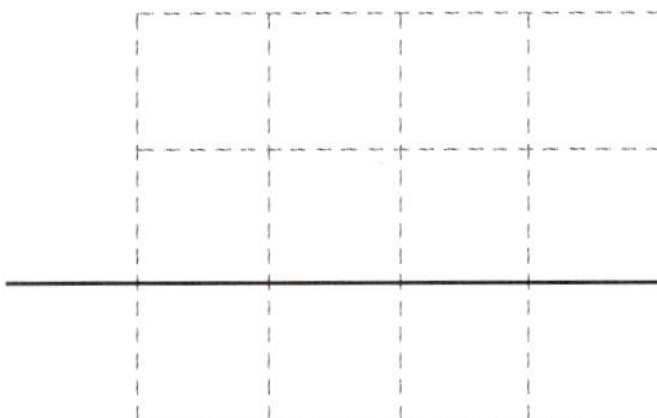

(13)　5375+686

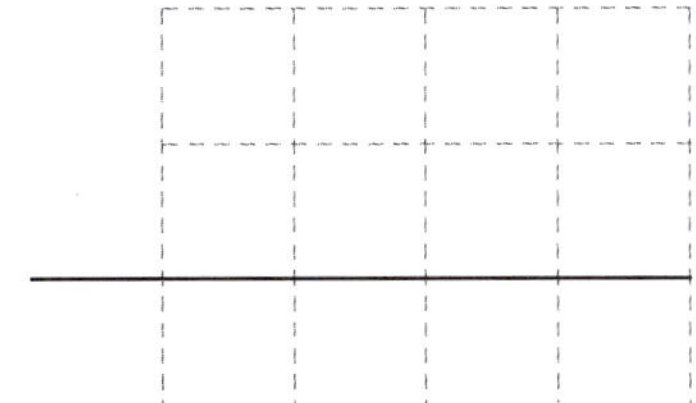

(14)　3169+965

 가로셈을 세로셈으로 고쳐 계산하시오.

(1) $4276+158$

(2) $1764+379$

(3) $3297+475$

(4) $6348+174$

(5) $4245+388$

(6) $7287+324$

(7) $6174+157$

(8) $4299+274$

가로셈을 세로셈으로 고쳐 계산하시오.

(9) $5737+387$

(10) $5835+299$

(11) $3918+177$

(12) $6364+579$

(13) $3794+369$

(14) $5458+273$

(15) $4358+962$

(16) $2528+974$

 덧셈을 하시오.

(1) 2736+257+356

```
    2 7 3 6
  +   2 5 7
  ─────────

  +   3 5 6
  ─────────
```

① 앞에서부터 차례로 두 수씩 세로셈으로 나타내어 계산합니다.
② 2736+257=□
③ □+356=○

(2) 3154+157+261

```
    3 1 5 4
  +   1 5 7
  ─────────

  +   2 6 1
  ─────────
```

(3) 1463+458+283

```
    1 4 6 3
  +   4 5 8
  ─────────

  +   2 8 3
  ─────────
```

(4) 2743+159+372

```
    2 7 4 3
  +   1 5 9
  ─────────

  +   3 7 2
  ─────────
```

(5) 1486+573+284

```
    1 4 8 6
  +   5 7 3
  ─────────

  +   2 8 4
  ─────────
```

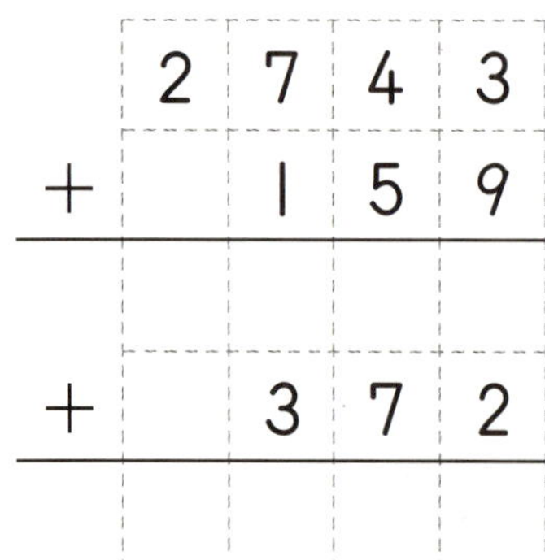

 덧셈을 하시오.

(6)　3174+853+963

$$
\begin{array}{r}
3\ 1\ 7\ 4 \\
+\quad 8\ 5\ 3 \\
\hline
\\
+\quad 9\ 6\ 3 \\
\hline
\end{array}
$$

(7)　2573+294+762

$$
\begin{array}{r}
2\ 5\ 7\ 3 \\
+\quad 2\ 9\ 4 \\
\hline
\\
+\quad 7\ 6\ 2 \\
\hline
\end{array}
$$

(8)　3564+214+392

$$
\begin{array}{r}
3\ 5\ 6\ 4 \\
+\quad 2\ 1\ 4 \\
\hline
\\
+\quad 3\ 9\ 2 \\
\hline
\end{array}
$$

(9)　2675+572+273

$$
\begin{array}{r}
2\ 6\ 7\ 5 \\
+\quad 5\ 7\ 2 \\
\hline
\\
+\quad 2\ 7\ 3 \\
\hline
\end{array}
$$

(10)　1685+126+809

$$
\begin{array}{r}
1\ 6\ 8\ 5 \\
+\quad 1\ 2\ 6 \\
\hline
\\
+\quad 8\ 0\ 9 \\
\hline
\end{array}
$$

(11)　2852+437+714

$$
\begin{array}{r}
2\ 8\ 5\ 2 \\
+\quad 4\ 3\ 7 \\
\hline
\\
+\quad 7\ 1\ 4 \\
\hline
\end{array}
$$

8차시 (네 자리 수)+(세 자리 수)

 덧셈을 하시오.

(1)

$$\begin{array}{r} 7\,4\,6\,4 \\ 4\,8\,1 \\ +\ \ \ 2\,3\,9 \\ \hline \end{array}$$

① 일의 자리 계산 : 4+1+9=14
② 십의 자리 계산 : 1+6+8+3=18
③ 백의 자리 계산 : 1+4+4+2=11
④ 천의 자리 계산 : 1+7=8

(2)

$$\begin{array}{r} 5\,4\,9\,5 \\ 1\,5\,3 \\ +\ \ \ 2\,7\,8 \\ \hline \end{array}$$

(3)

$$\begin{array}{r} 6\,4\,3\,3 \\ 3\,7\,6 \\ +\ \ \ 2\,6\,5 \\ \hline \end{array}$$

(4)

$$\begin{array}{r} 2\,1\,3\,5 \\ 1\,8\,6 \\ +\ \ \ 4\,7\,9 \\ \hline \end{array}$$

(5)

$$\begin{array}{r} 1\,2\,4\,3 \\ 1\,3\,5 \\ +\ \ \ 4\,8\,6 \\ \hline \end{array}$$

(6)

$$\begin{array}{r} 3\,1\,3\,4 \\ 2\,2\,8 \\ +\ \ \ 1\,8\,7 \\ \hline \end{array}$$

(7)

$$\begin{array}{r} 1\,4\,8\,6 \\ 4\,9\,5 \\ +\ \ \ 2\,4\,8 \\ \hline \end{array}$$

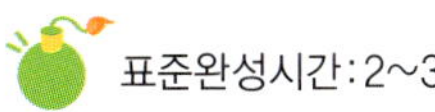

 덧셈을 하시오.

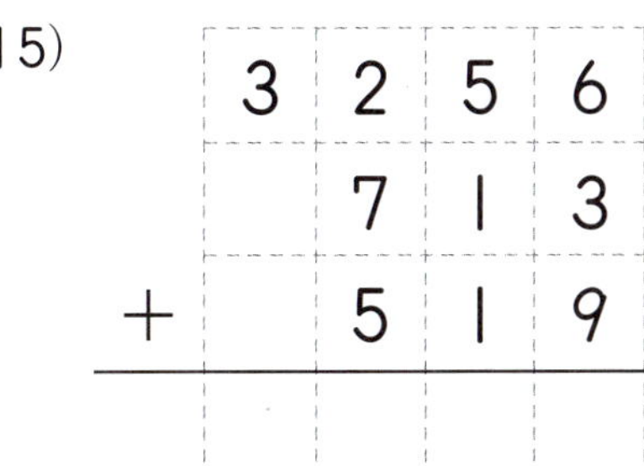

(8)

	5	6	3	6
		5	1	4
+		7	3	2

(9)

	1	2	1	3
		3	8	5
+		2	5	2

(10)

	3	6	9	4
		7	2	1
+		4	1	4

(11)

	6	1	6	8
		3	7	0
+		2	8	7

(12)

	2	4	1	4
		1	5	8
+		2	3	4

(13)

	3	4	7	1
		6	1	4
+		1	2	8

(14)

	2	7	2	4
		3	5	2
+		1	4	3

(15)

	3	2	5	6
		7	1	3
+		5	1	9

9차시 (네 자리 수)+(세 자리 수)

 계산을 하시오.

(1)

	1	2	5	7
+		2	5	7
	1	5	1	4
+		2	5	7
	1	7	7	1
+		2	5	7
+		2	5	7
+		2	5	7
+		2	5	7
+		2	5	7

(2)

	1	4	3	6
+		4	3	6
+		4	3	6
+		4	3	6
+		4	3	6
+		4	3	6
+		4	3	6
+		4	3	6

꼭꼭 지금까지 충분한 연습을 하였으므로 따로 식을 세우지 말고 암산으로 하도록 합니다.

계산을 하시오.

(3)

$$\begin{array}{r} 1\ 3\ 3\ 6 \\ +\quad 3\ 3\ 6 \\ \hline \end{array}$$

$$+\quad 3\ 3\ 6$$

$$+\quad 3\ 3\ 6$$

$$+\quad 3\ 3\ 6$$

$$+\quad 3\ 3\ 6$$

$$+\quad 3\ 3\ 6$$

$$+\quad 3\ 3\ 6$$

$$+\quad 3\ 3\ 6$$

$$+\quad 3\ 3\ 6$$

(4)

$$\begin{array}{r} 2\ 3\ 5\ 4 \\ +\quad 3\ 5\ 4 \\ \hline \end{array}$$

$$+\quad 3\ 5\ 4$$

$$+\quad 3\ 5\ 4$$

$$+\quad 3\ 5\ 4$$

$$+\quad 3\ 5\ 4$$

$$+\quad 3\ 5\ 4$$

$$+\quad 3\ 5\ 4$$

$$+\quad 3\ 5\ 4$$

$$+\quad 3\ 5\ 4$$

10 차시 (네 자리 수)+(세 자리 수)

✚ 계산을 하시오.

(1)

```
    1 6 4 2
  +   6 4 2
  ─────────

  +   6 4 2
  ─────────

  +   6 4 2
  ─────────

  +   6 4 2
  ─────────

  +   6 4 2
  ─────────

  +   6 4 2
  ─────────

  +   6 4 2
  ─────────

  +   6 4 2
  ─────────

  +   6 4 2
  ─────────
```

(2)

```
    2 4 9 8
  +   4 9 8
  ─────────

  +   4 9 8
  ─────────

  +   4 9 8
  ─────────

  +   4 9 8
  ─────────

  +   4 9 8
  ─────────

  +   4 9 8
  ─────────

  +   4 9 8
  ─────────

  +   4 9 8
  ─────────

  +   4 9 8
  ─────────
```

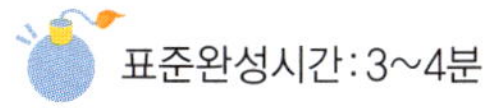

❖ 계산을 하시오.

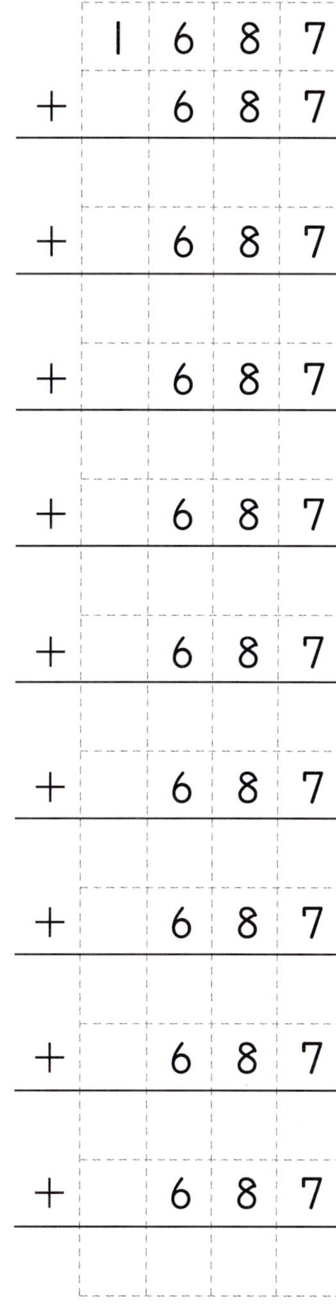

(3)

```
    3 2 1 9
  +   2 1 9

  +   2 1 9

  +   2 1 9

  +   2 1 9

  +   2 1 9

  +   2 1 9

  +   2 1 9

  +   2 1 9

  +   2 1 9
```

(4)

```
    1 6 8 7
  +   6 8 7

  +   6 8 7

  +   6 8 7

  +   6 8 7

  +   6 8 7

  +   6 8 7

  +   6 8 7

  +   6 8 7

  +   6 8 7
```

□ 안에 알맞은 숫자를 써넣으시오.

(1)

		8	7	6
+				
	3	4	1	1

① 일의 자리 계산 : 6+□=11 → □=5
② 십의 자리 계산 : 1+7+□=11 → □=3
③ 백의 자리 계산 : 1+8+□=14 → □=5
④ 천의 자리 계산 : 1+□=3 → □=2

(2)

+		9	8	6
	4	7	3	3

(3)

+		7	5	8
	3	4	9	3

(4)

			4	
+		6		5
	5	3	2	4

(5)

			2	
+		5		6
	6	3	7	4

(6)

		8		5
+			8	
	8	2	6	1

(7)

		3		3
+			2	
	3	1	8	2

 일, 십, 백의 자리 계산에서 □+(어떤 수) 또는 (어떤 수)+□의 결과가 어떤 수보다 작으면 십, 백, 천의 자리로 1을 받아올림한 것이므로 주의하도록 합니다.

○ □ 안에 알맞은 숫자를 써넣으시오.

(8)
```
      □ □ □ □
  +     3 7 8
  ─────────────
      4 3 4 0
```

(9)
```
      □ □ □ □
  +     9 8 4
  ─────────────
      5 7 4 9
```

(10)
```
  □   4 5 8
  + □ □ □
  ─────────────
    6 2 0 6
```

(11)
```
  □   8 9 3
  + □ □ □
  ─────────────
    8 3 9 0
```

(12)
```
  □ □ 6 □
  +   7 □ 4
  ─────────────
    4 6 6 2
```

(13)
```
  □ □ 8 □
  +   7 □ 8
  ─────────────
    2 4 4 5
```

(14)
```
  □ 7 □ 7
  + □ 8 □
  ─────────────
    4 4 0 1
```

(15)
```
  □ 8 □ 9
  + □ 8 □
  ─────────────
    3 4 3 4
```

□ 안에 알맞은 숫자를 써넣으시오.

(1)

```
    □ 7 6 □
+   □ □ □ 7
─────────────
    2 1 5 1
```

(2)

```
    □ 9 5 □
+   □ □ □ 8
─────────────
    4 3 2 7
```

(3)

```
    □ 6 □ □
+   □ □ 8 4
─────────────
    3 0 5 2
```

(4)

```
    □ 5 □ □
+   □ □ 5 1
─────────────
    5 3 3 0
```

(5)

```
    □ □ □ □
+     6 7 8
─────────────
    8 5 2 4
```

(6)

```
    □ □ □ □
+     3 5 7
─────────────
    2 0 1 5
```

(7)

```
    □ 8 6 7
+   □ □ □ □
─────────────
    2 4 6 1
```

(8)

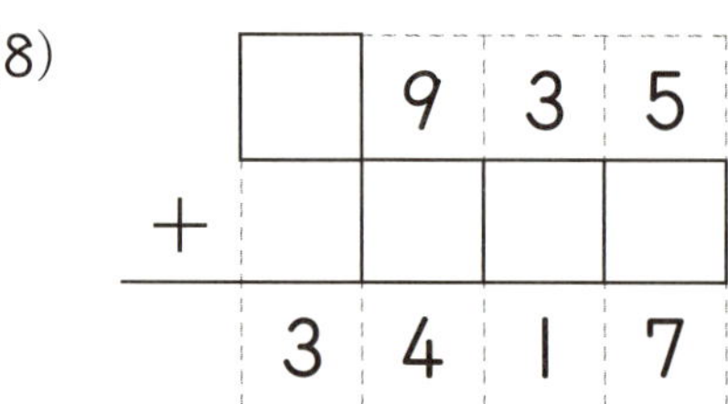

```
    □ 9 3 5
+   □ □ □ □
─────────────
    3 4 1 7
```

◆ □ 안에 알맞은 숫자를 써넣으시오.

1주

(9)
$$\begin{array}{cccc} & \square & 8 & \square & 5 \\ + & & & 6 & \square \\ \hline & 4 & 2 & 1 & 4 \end{array}$$

(10)
$$\begin{array}{cccc} & \square & 5 & \square & 7 \\ + & & & 5 & \square \\ \hline & 4 & 3 & 5 & 4 \end{array}$$

(11)
$$\begin{array}{cccc} & \square & \square & \square & \square \\ + & & 4 & 3 & 7 \\ \hline & 3 & 3 & 0 & 5 \end{array}$$

(12)
$$\begin{array}{cccc} & \square & \square & \square & \square \\ + & & 7 & 5 & 4 \\ \hline & 4 & 4 & 0 & 1 \end{array}$$

(13)
$$\begin{array}{cccc} & \square & \square & 7 & \square \\ + & & 9 & \square & 5 \\ \hline & 4 & 4 & 4 & 8 \end{array}$$

(14)
$$\begin{array}{cccc} & \square & \square & 3 & \square \\ + & & 9 & \square & 7 \\ \hline & 2 & 5 & 2 & 5 \end{array}$$

(15)
$$\begin{array}{cccc} & \square & 7 & 5 & 6 \\ + & & \square & \square & \square \\ \hline & 3 & 6 & 2 & 1 \end{array}$$

(16)
$$\begin{array}{cccc} & \square & 4 & 7 & 9 \\ + & & \square & \square & \square \\ \hline & 2 & 9 & 6 & 4 \end{array}$$

 **2주** (네 자리 수)+(네 자리 수)

학습 체크표 매일 학습이 끝나면 채점을 하고 체크표를 작성하여 나의 실력을 알아보세요.

차시	단계	공부한 날	잘 했나요?
13차시		월 일	☺ ☺ ☺ ☺
14차시		월 일	☺ ☺ ☺ ☺
15차시		월 일	☺ ☺ ☺ ☺
16차시		월 일	☺ ☺ ☺ ☺
17차시	1단계	월 일	☺ ☺ ☺ ☺
18차시		월 일	☺ ☺ ☺ ☺
19차시		월 일	☺ ☺ ☺ ☺
20차시		월 일	☺ ☺ ☺ ☺
21차시	2단계	월 일	☺ ☺ ☺ ☺
22차시		월 일	☺ ☺ ☺ ☺
23차시	3단계	월 일	☺ ☺ ☺ ☺
24차시		월 일	☺ ☺ ☺ ☺

틀린 개수가

0~1개이면 ☺ (아주 잘함)에, 2~3개이면 ☺ (잘함)에,

4~5개이면 ☺ (보통)에, 6개 이상이면 ☹ (노력 바람)에 색칠해 주세요.

학습목표 받아올림이 있는 (네 자리 수)+(네 자리 수)의 계산을 여러 가지 방법으로 해결하고 덧셈의
기초를 완성합니다.

오!
드디어!
와아
깜짝이야~ 왜 소리를 질러?
너도 3578+5679 풀 수 있어?
당연하지! 나도 풀 수 있어!
으앙
받아올림이 있는 (네 자리 수)+(네 자리 수)도 이젠 문제 없다고!
3578+5679를 풀었거든~.
악
그, 그래?
3 5 7 8
+ 5 6 7 9
7
(1) 먼저 일의 자리부터 계산을 해~
8+9=17
3 5 7 8
+ 5 6 7 9
5 7
(2) 그리고 십의 자리를 계산하고
1+7+7=15
3 5 7 8
+ 5 6 7 9
2 5 7
(3) 그 다음 백의 자리를 계산하고
1+5+6=12
3 5 7 8
+ 5 6 7 9
9 2 5 7
(4) 마지막으로 천의 자리를 계산하면 돼.
1+3+5=9
받아올림이 여러 번 있으니까 주의해서 풀어야 해! 이 정도야 쉽게 풀지~.
히힛~ 이제 덧셈은 잘하는구나.

2주

$$
\begin{array}{r}
2\ 7\ 3\ \overset{1}{8} \\
+\ 1\ 3\ 9\ 7 \\
\hline
5
\end{array}
\Rightarrow
\begin{array}{r}
2\ 7\ \overset{1}{3}\ 8 \\
+\ 1\ 3\ 9\ 7 \\
\hline
3\ 5
\end{array}
\Rightarrow
\begin{array}{r}
2\ \overset{1}{7}\ 3\ 8 \\
+\ 1\ \overset{1}{3}\ 9\ 7 \\
\hline
1\ 3\ 5
\end{array}
\Rightarrow
\begin{array}{r}
\overset{1}{2}\ 7\ 3\ 8 \\
+\ 1\ 3\ 9\ 7 \\
\hline
4\ 1\ 3\ 5
\end{array}
$$

일의 자리 계산
8+7=15

십의 자리 계산
1+3+9=13

백의 자리 계산
1+7+3=11

천의 자리 계산
1+2+1=4

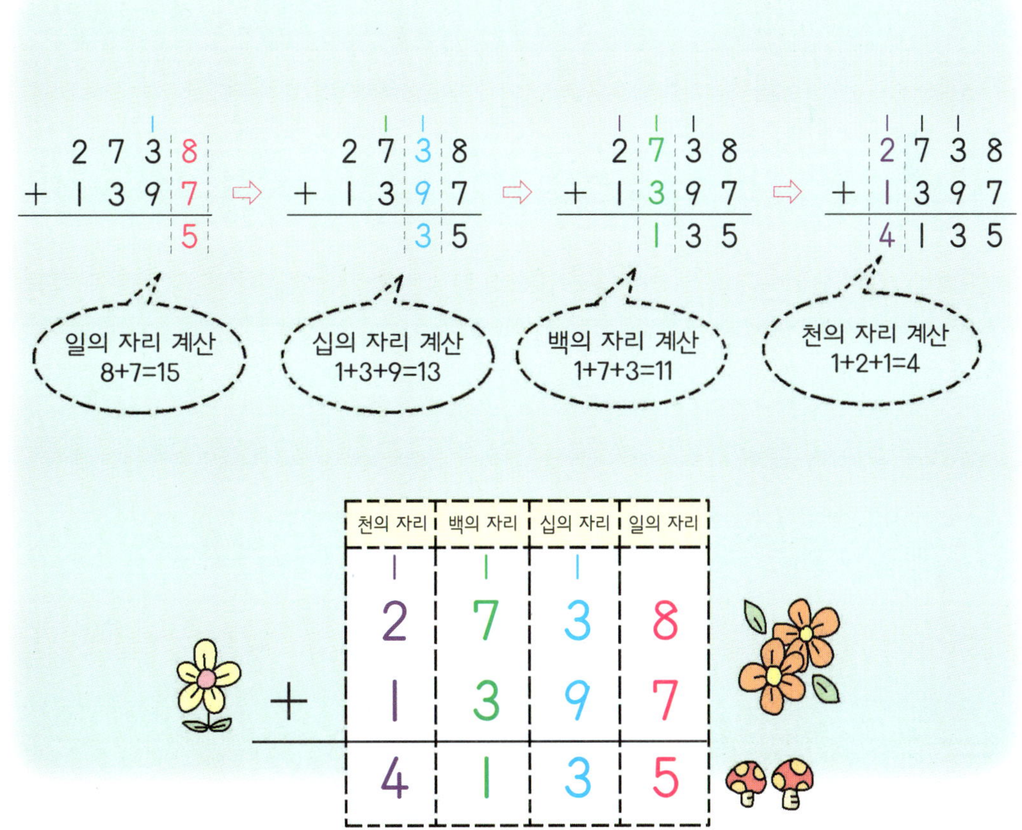

천의 자리	백의 자리	십의 자리	일의 자리
2	7	3	8
+ 1	3	9	7
4	1	3	5

13 차시 (네 자리 수)+(네 자리 수)

✚ 덧셈을 하시오.

(1)
```
   1 1 2 6
 + 2 3 5 1
 ─────────
   3 4 7 7
```

(2)
```
   3 3 5 1
 + 1 6 4 2
 ─────────
```

(3)
```
   2 4 1 3
 + 3 5 2 9
 ─────────
```

(4)
```
   2 3 5 1
 + 1 4 8 2
 ─────────
```

(5)
```
   1 3 3 6
 + 4 2 7 4
 ─────────
```

(6)
```
   3 1 6 3
 + 4 6 3 7
 ─────────
```

(7)
```
   2 7 6 4
 + 3 5 3 6
 ─────────
```

(8)
```
   4 6 9 7
 + 4 7 0 3
 ─────────
```

꼭꼭 각 자리 숫자의 합이 10이거나 10보다 크면 바로 윗자리로 받아올림합니다.

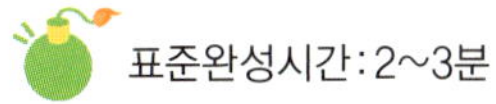

덧셈을 하시오.

(9)

```
  2 2 1 3
+ 1 5 2 3
```

(10)

```
  1 8 2 4
+ 4 1 5 2
```

(11)

```
  5 7 2 4
+ 3 5 1 3
```

(12)

```
  5 3 0 5
+ 2 4 9 8
```

(13)

```
  3 8 2 4
+ 5 2 7 6
```

(14)

```
  4 5 5 9
+ 2 8 6 8
```

(15)

```
  3 8 6 5
+ 1 7 7 5
```

(16)

```
  3 2 1 9
+ 4 9 8 5
```

(17)

```
  2 4 6 3
+ 1 7 5 4
```

(18)

```
  3 9 1 6
+ 2 7 8 7
```

(네 자리 수)+(네 자리 수)

1단계

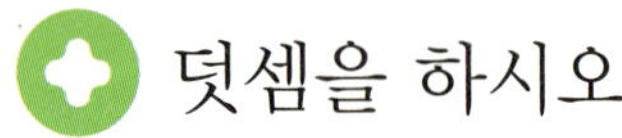 덧셈을 하시오.

(1)
$$\begin{array}{r} 3\ 3\ 7\ 1 \\ +\ 4\ 5\ 2\ 6 \\ \hline \end{array}$$

(2)
$$\begin{array}{r} 5\ 0\ 7\ 4 \\ +\ 2\ 7\ 0\ 3 \\ \hline \end{array}$$

(3)
$$\begin{array}{r} 5\ 6\ 9\ 2 \\ +\ 2\ 8\ 1\ 6 \\ \hline \end{array}$$

(4)
$$\begin{array}{r} 3\ 5\ 1\ 5 \\ +\ 3\ 9\ 0\ 8 \\ \hline \end{array}$$

(5)
$$\begin{array}{r} 7\ 9\ 1\ 3 \\ +\ 1\ 0\ 9\ 5 \\ \hline \end{array}$$

(6)
$$\begin{array}{r} 8\ 3\ 2\ 1 \\ +\ 1\ 0\ 8\ 9 \\ \hline \end{array}$$

(7)
$$\begin{array}{r} 7\ 7\ 5\ 9 \\ +\ 1\ 8\ 8\ 0 \\ \hline \end{array}$$

(8)
$$\begin{array}{r} 1\ 0\ 3\ 9 \\ +\ 7\ 1\ 8\ 5 \\ \hline \end{array}$$

(9)
$$\begin{array}{r} 1\ 0\ 7\ 7 \\ +\ 5\ 8\ 9\ 9 \\ \hline \end{array}$$

(10)
$$\begin{array}{r} 3\ 1\ 3\ 8 \\ +\ 2\ 8\ 8\ 0 \\ \hline \end{array}$$

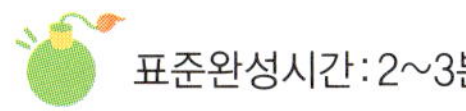

✿ 덧셈을 하시오.

(11)

$$\begin{array}{r} 2\,0\,4\,8 \\ +\ 7\,9\,4\,7 \\ \hline \end{array}$$

(12)

$$\begin{array}{r} 4\,3\,9\,5 \\ +\ 3\,1\,7\,3 \\ \hline \end{array}$$

(13)

$$\begin{array}{r} 3\,0\,7\,3 \\ +\ 3\,2\,8\,8 \\ \hline \end{array}$$

(14)

$$\begin{array}{r} 1\,1\,5\,7 \\ +\ 5\,6\,8\,5 \\ \hline \end{array}$$

(15)

$$\begin{array}{r} 5\,3\,4\,8 \\ +\ 2\,9\,7\,1 \\ \hline \end{array}$$

(16)

$$\begin{array}{r} 5\,8\,0\,2 \\ +\ 1\,2\,8\,9 \\ \hline \end{array}$$

(17)

$$\begin{array}{r} 8\,3\,4\,4 \\ +\ 1\,5\,5\,9 \\ \hline \end{array}$$

(18)

$$\begin{array}{r} 4\,3\,3\,1 \\ +\ 2\,6\,8\,2 \\ \hline \end{array}$$

(19)

$$\begin{array}{r} 5\,0\,9\,8 \\ +\ 1\,2\,0\,3 \\ \hline \end{array}$$

(20)

$$\begin{array}{r} 7\,4\,6\,7 \\ +\ 1\,6\,2\,3 \\ \hline \end{array}$$

15 차시 (네 자리 수)+(네 자리 수)

 덧셈을 하시오.

(1)

```
    1 5 3 9
+   5 7 3 5
```

① 일의 자리 계산 : 9+5=14
② 십의 자리 계산 : 1+3+3=7
③ 백의 자리 계산 : 5+7=12
④ 천의 자리 계산 : 1+1+5=7

(2)

```
    1 8 4 8
+   5 3 0 3
```

(3)

```
    2 4 2 0
+   6 5 8 0
```

(4)

```
    6 6 3 2
+   2 2 6 8
```

(5)

```
    6 3 4 7
+   3 2 8 7
```

(6)

```
    2 9 8 5
+   3 6 7 9
```

(7)

```
    1 8 7 4
+   2 4 2 8
```

 각 자리 숫자의 합이 10이거나 10보다 크면 바로 윗자리로 받아올림합니다.

 덧셈을 하시오.

(8)
$$3563 + 3578$$

(9)
$$6163 + 2837$$

(10)
$$7829 + 1576$$

(11)
$$4836 + 2769$$

(12)
$$5754 + 1287$$

(13)
$$6893 + 2219$$

(14)
$$3488 + 1725$$

(15)
$$3354 + 2876$$

(16)
$$3843 + 1179$$

(17)
$$2783 + 4938$$

16 차시 · (네 자리 수)+(네 자리 수) 1단계

◆ 덧셈을 하시오.

(1)
$$7391 + 1709$$

(2)
$$5573 + 2568$$

(3)
$$2968 + 4258$$

(4)
$$1136 + 3974$$

(5)
$$4158 + 2963$$

(6)
$$5056 + 2977$$

(7)
$$4632 + 1589$$

(8)
$$3977 + 5084$$

(9)
$$4561 + 1549$$

(10)
$$5277 + 2985$$

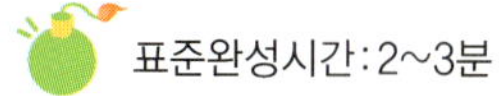

✚ 덧셈을 하시오.

(11)
```
   1 4 1 3
 + 6 3 3 7
```

(12)
```
   1 2 4 1
 + 7 6 2 3
```

(13)
```
   6 2 7 1
 + 2 4 5 9
```

(14)
```
   7 3 2 0
 + 1 0 9 3
```

(15)
```
   7 7 6 9
 + 1 4 2 3
```

(16)
```
   5 0 0 4
 + 1 6 8 8
```

(17)
```
   6 1 1 8
 + 2 1 2 5
```

(18)
```
   1 5 4 8
 + 2 0 0 3
```

(19)
```
   1 6 0 5
 + 3 3 9 9
```

(20)
```
   7 7 4 4
 + 1 3 8 9
```

 **17차시** (네 자리 수)+(네 자리 수)  **1단계**

 가로셈을 세로셈으로 고쳐 계산하시오.

(1) 7267+1623

```
    7 2 6 7
+   1 6 2 3
```

(2) 4367+1061

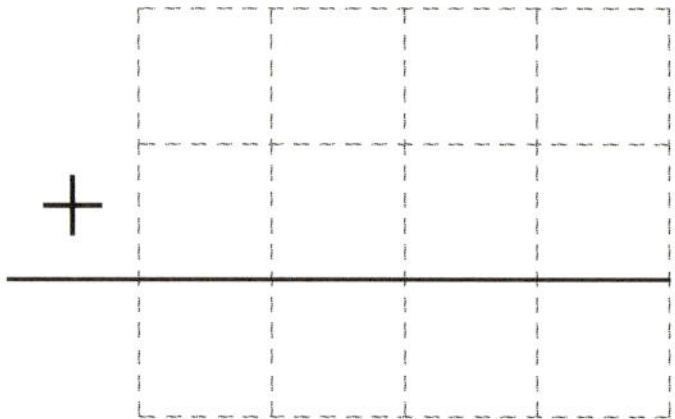

(3) 4210+5255

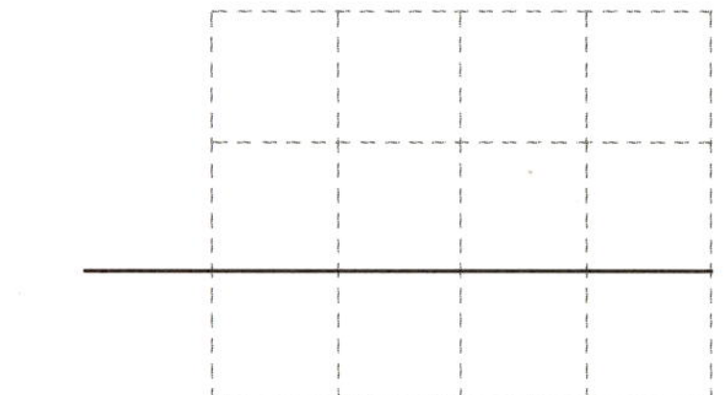

(4) 2799+2511

(5) 4539+3902

(6) 8565+1326

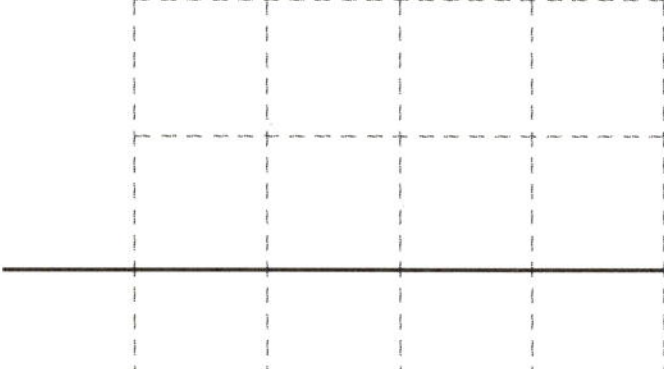

꼭꼭 가로셈을 세로셈으로 고쳐 계산할 때에는 자리를 맞추어 쓰고 일의 자리, 십의 자리, 백의 자리, 천의 자리의 순서로 계산합니다.

가로셈을 세로셈으로 고쳐 계산하시오.

(7)　2460+1347

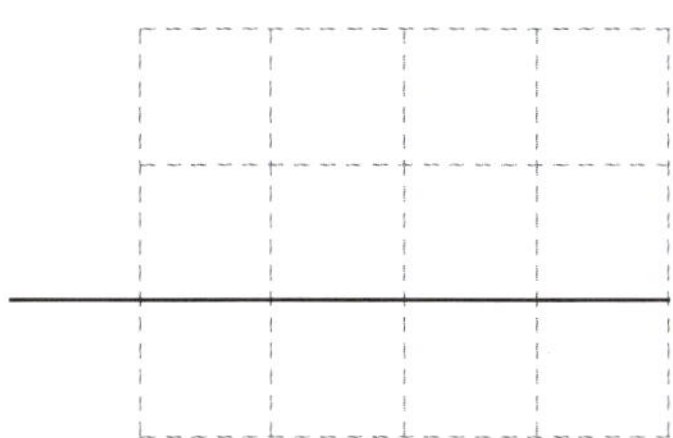

(8)　2020+4371

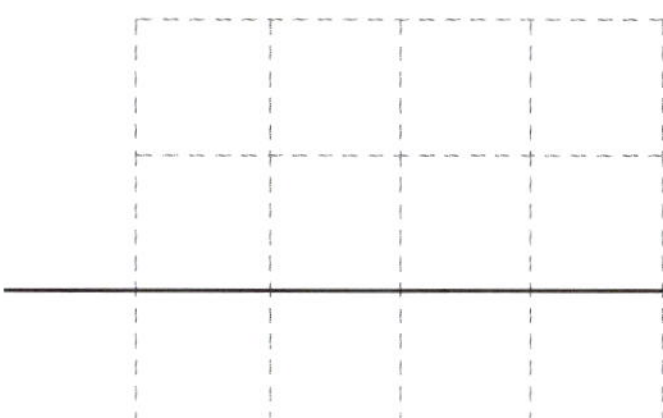

(9)　1455+1301

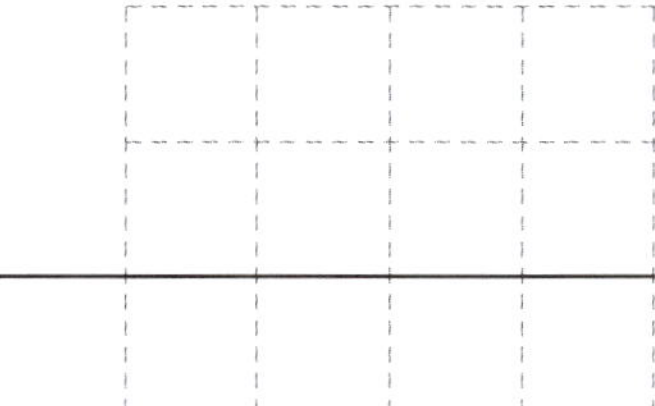

(10)　5707+1580

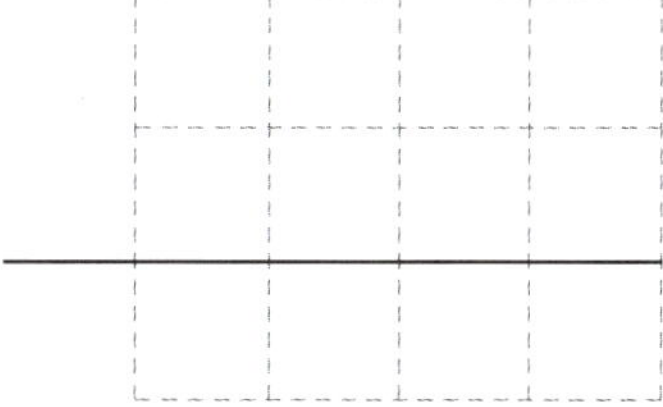

(11)　2381+3811

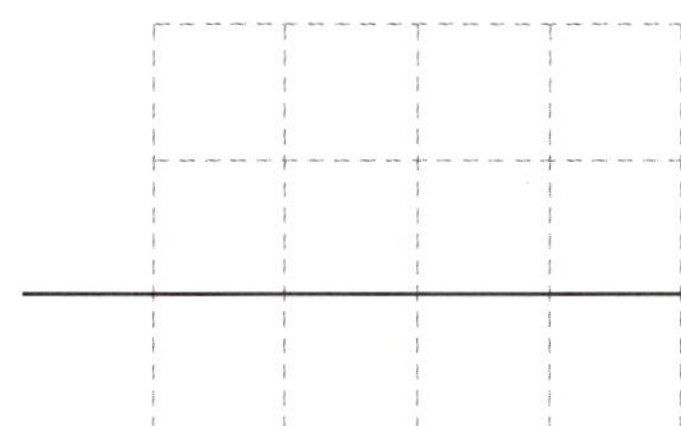

(12)　6492+1815

(13)　2465+6614

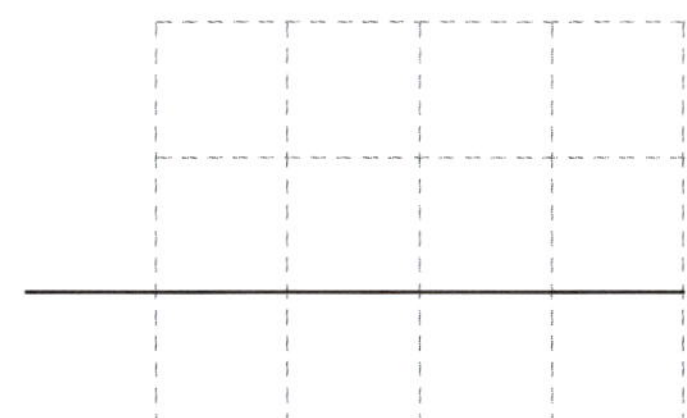

(14)　4231+4681

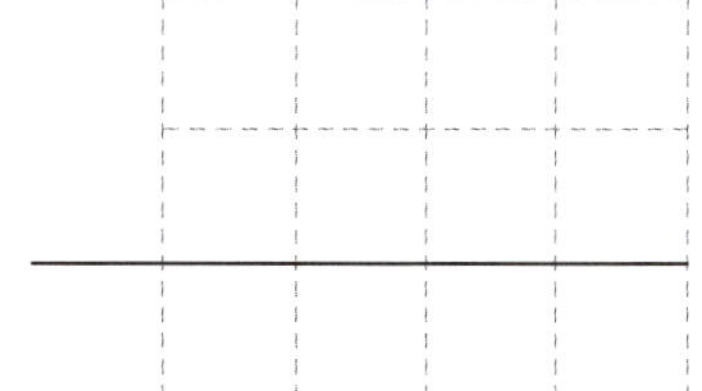

18차시 (네 자리 수)+(네 자리 수)

 가로셈을 세로셈으로 고쳐 계산하시오.

(1) 5221+4010

(2) 6238+1510

(3) 4958+2427

(4) 3212+5093

(5) 7427+1130

(6) 6035+3777

(7) 2229+3513

(8) 3579+1293

✿ 가로셈을 세로셈으로 고쳐 계산하시오.

(9) 7752+1842

(10) 5998+1063

(11) 1640+7117

(12) 3363+1877

(13) 7320+1020

(14) 4320+3361

(15) 5582+3620

(16) 5321+1025

19차시 (네 자리 수)+(네 자리 수)

덧셈을 하시오.

(1) 2257+4138+1263

```
    2 2 5 7
  +  4 1 3 8
  ―――――――――

  +  1 2 6 3
  ―――――――――
```

① 앞에서부터 차례로 두 수씩 세로셈
으로 나타내어 계산합니다.
② 2257+4138=□
③ □+1263=○

(2) 1248+2735+1456

```
    1 2 4 8
  +  2 7 3 5
  ―――――――――

  +  1 4 5 6
  ―――――――――
```

(3) 3127+1354+2387

```
    3 1 2 7
  +  1 3 5 4
  ―――――――――

  +  2 3 8 7
  ―――――――――
```

(4) 2149+2503+3621

```
    2 1 4 9
  +  2 5 0 3
  ―――――――――

  +  3 6 2 1
  ―――――――――
```

(5) 1355+2243+3676

```
    1 3 5 5
  +  2 2 4 3
  ―――――――――

  +  3 6 7 6
  ―――――――――
```

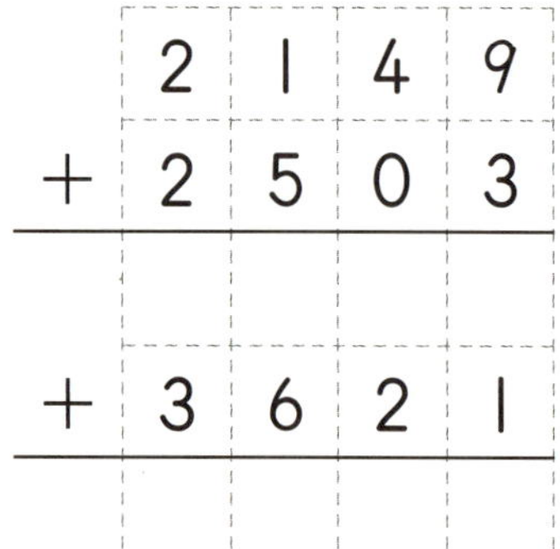

◆ 덧셈을 하시오.

(6)　3591＋2385＋1748

```
    3 5 9 1
  + 2 3 8 5
  ─────────

  + 1 7 4 8
  ─────────
```

(7)　2309＋1485＋1634

```
    2 3 0 9
  + 1 4 8 5
  ─────────

  + 1 6 3 4
  ─────────
```

(8)　1285＋1276＋2158

```
    1 2 8 5
  + 1 2 7 6
  ─────────

  + 2 1 5 8
  ─────────
```

(9)　2467＋1339＋1385

```
    2 4 6 7
  + 1 3 3 9
  ─────────

  + 1 3 8 5
  ─────────
```

(10)　1237＋3283＋2567

```
    1 2 3 7
  + 3 2 8 3
  ─────────

  + 2 5 6 7
  ─────────
```

(11)　2614＋1298＋2497

```
    2 6 1 4
  + 1 2 9 8
  ─────────

  + 2 4 9 7
  ─────────
```

20 차시 (네 자리 수)+(네 자리 수)

 덧셈을 하시오.

(1)

	1	3	7	8
	4	1	2	6
+	2	6	7	7

① 일의 자리 계산 : 8+6+7=21
② 십의 자리 계산 : 2+7+2+7=18
③ 백의 자리 계산 : 1+3+1+6=11
④ 천의 자리 계산 : 1+1+4+2=8

(2)

	2	5	6	5
	1	2	8	9
+	2	4	9	7

(3)

	1	1	4	6
	3	7	9	7
+	2	5	6	9

(4)

	2	3	9	4
	1	3	0	6
+	4	4	9	4

(5)

	1	2	9	5
	3	5	0	8
+	4	1	5	8

(6)

	3	4	2	7
	2	5	7	2
+	1	3	5	4

(7)

	1	6	6	3
	4	2	0	5
+	2	1	7	5

🌼 덧셈을 하시오.

(8)

```
    1  4  3  9
    4  2  6  8
 +  2  5  0  5
────────────────
```

(9)

```
    1  1  4  8
    3  1  6  2
 +  2  7  7  8
────────────────
```

(10)

```
    3  4  4  9
    1  3  8  2
 +  4  1  9  8
────────────────
```

(11)

```
    1  3  0  6
    3  6  7  4
 +  2  1  7  8
────────────────
```

(12)

```
    1  7  8  7
    1  1  9  7
 +  2  2  3  6
────────────────
```

(13)

```
    3  6  8  9
    1  2  9  3
 +  2  5  0  2
────────────────
```

(14)

```
    2  6  2  4
    3  1  7  6
 +  1  3  2  6
────────────────
```

(15)

```
    3  4  5  8
    1  4  0  6
 +  1  5  0  5
────────────────
```

21차시 (네 자리 수)+(네 자리 수)

 계산을 하시오.

(1)
```
   1 0 5 7
+  1 0 5 7
─────────

+  1 0 5 7
─────────

+  1 0 5 7
─────────
```

(2)
```
   1 1 8 4
+  1 1 8 4
─────────

+  1 1 8 4
─────────

+  1 1 8 4
─────────
```

(3)
```
   1 5 7 8
+  1 5 7 8
─────────

+  1 5 7 8
─────────

+  1 5 7 8
─────────
```

(4)
```
   1 3 4 7
+  1 3 4 7
─────────

+  1 3 4 7
─────────

+  1 3 4 7
─────────
```

꼭꼭 지금까지 충분한 연습을 하였으므로 따로 식을 세우지 말고 암산으로 하도록 합니다.

계산을 하시오.

(5)

$$
\begin{array}{r}
1\,2\,3\,9 \\
+\ 1\,2\,3\,9 \\
\hline
\end{array}
$$

$$
+\ 1\,2\,3\,9
$$

$$
+\ 1\,2\,3\,9
$$

$$
+\ 1\,2\,3\,9
$$

(6)

$$
\begin{array}{r}
1\,6\,3\,7 \\
+\ 1\,6\,3\,7 \\
\hline
\end{array}
$$

$$
+\ 1\,6\,3\,7
$$

$$
+\ 1\,6\,3\,7
$$

$$
+\ 1\,6\,3\,7
$$

(7)

$$
\begin{array}{r}
1\,5\,7\,8 \\
+\ 1\,5\,7\,8 \\
\hline
\end{array}
$$

$$
+\ 1\,5\,7\,8
$$

$$
+\ 1\,5\,7\,8
$$

$$
+\ 1\,5\,7\,8
$$

(8)

$$
\begin{array}{r}
1\,9\,7\,2 \\
+\ 1\,9\,7\,2 \\
\hline
\end{array}
$$

$$
+\ 1\,9\,7\,2
$$

$$
+\ 1\,9\,7\,2
$$

$$
+\ 1\,9\,7\,2
$$

 계산을 하시오.

(1)
```
    1 4 3 8
+   1 4 3 8
─────────────

+   1 4 3 8
─────────────

+   1 4 3 8
─────────────

+   1 4 3 8
─────────────
```

(2)
```
    1 6 9 3
+   1 6 9 3
─────────────

+   1 6 9 3
─────────────

+   1 6 9 3
─────────────

+   1 6 9 3
─────────────
```

(3)
```
    1 4 8 7
+   1 4 8 7
─────────────

+   1 4 8 7
─────────────

+   1 4 8 7
─────────────

+   1 4 8 7
─────────────
```

(4)
```
    1 7 4 8
+   1 7 4 8
─────────────

+   1 7 4 8
─────────────

+   1 7 4 8
─────────────

+   1 7 4 8
─────────────
```

✚ 계산을 하시오.

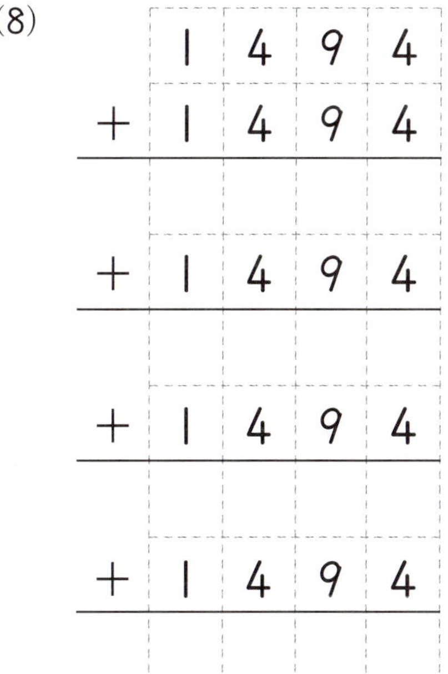

(5)

```
    1  5  6  7
 +  1  5  6  7
-----------------

 +  1  5  6  7
-----------------

 +  1  5  6  7
-----------------

 +  1  5  6  7
-----------------
```

(6)

```
    1  2  8  6
 +  1  2  8  6
-----------------

 +  1  2  8  6
-----------------

 +  1  2  8  6
-----------------

 +  1  2  8  6
-----------------
```

(7)

```
    1  3  8  5
 +  1  3  8  5
-----------------

 +  1  3  8  5
-----------------

 +  1  3  8  5
-----------------

 +  1  3  8  5
-----------------
```

(8)

```
    1  4  9  4
 +  1  4  9  4
-----------------

 +  1  4  9  4
-----------------

 +  1  4  9  4
-----------------

 +  1  4  9  4
-----------------
```

23 차시 (네 자리 수)+(네 자리 수)

3단계

◆ □ 안에 알맞은 숫자를 써넣으시오.

(1)
	2	3	4	7
+				
	5	5	7	8

(2)
	1	2	4	4
+				
	6	7	8	6

(3)
+	5	3	5	5
	8	7	1	7

(4)
+	5	6	7	6
	7	9	1	9

(5)
	4		5	
+		4		7
	8	3	8	5

① 일의 자리 계산 : □+7=15 → □=8
② 십의 자리 계산 : 1+5+□=8 → □=2
③ 백의 자리 계산 : □+4=13 → □=9
④ 천의 자리 계산 : 1+4+□=8 → □=3

(6)
		4		9
+	1		6	
	8	7	0	7

(7)
		5		5
+	4		4	
	6	7	3	3

꼭꼭 일, 십, 백의 자리 계산에서 □+(어떤 수) 또는 (어떤 수)+□의 결과가 어떤 수보다 작으면 십, 백, 천의 자리로 1을 받아올림한 것이므로 주의하도록 합니다.

❖ □ 안에 알맞은 숫자를 써넣으시오.

(8)
```
   □ □ □ □
 + 1 1 6 3
   4 6 7 9
```

(9)
```
   □ □ □ □
 + 3 2 5 1
   7 9 8 6
```

(10)
```
   □ 5 9 1
 + 2 □ □ □
   7 9 7 6
```

(11)
```
   □ 3 6 0
 + 1 □ □ □
   8 3 9 0
```

(12)
```
   □ □ 6 □
 + 3 7 □ 8
   7 4 4 0
```

(13)
```
   □ □ 4 □
 + 3 7 □ 2
   5 2 3 1
```

(14)
```
   □ 7 □ 8
 + 4 □ 0 □
   8 4 0 4
```

(15)
```
   □ 8 □ 9
 + 5 □ 7 □
   8 5 1 3
```

(16)
```
   □ □ 8 7
 + 4 3 □ □
   8 1 8 4
```

(17)
```
   □ □ 3 6
 + 2 6 □ □
   7 1 2 5
```

✚ 빈칸에 알맞은 수를 써넣으시오.

1457	+		=	4479
+		+		+
2175	+		=	
=		=		=
	+		=	8619

❀ 빈칸에 알맞은 수를 써넣으시오.

1587	+	3547	=	
+		+		+
	+		=	
=		=		=
3979	+		=	9269

2주

# 3주 (네 자리 수) − (세 자리 수)

매일 학습이 끝나면 채점을 하고 체크표를 작성하여 나의 실력을 알아보세요.

차시	단계	공부한 날	잘 했나요?
25차시		월 일	😊 😊 😐 😣
26차시		월 일	😊 😊 😐 😣
27차시		월 일	😊 😊 😐 😣
28차시	1단계	월 일	😊 😊 😐 😣
29차시		월 일	😊 😊 😐 😣
30차시		월 일	😊 😊 😐 😣
31차시		월 일	😊 😊 😐 😣
32차시		월 일	😊 😊 😐 😣
33차시	2단계	월 일	😊 😊 😐 😣
34차시		월 일	😊 😊 😐 😣
35차시	3단계	월 일	😊 😊 😐 😣
36차시		월 일	😊 😊 😐 😣

틀린 개수가

0 ~ 1 개이면 😊 (아주 잘함)에, 2 ~ 3 개이면 😊 (잘함)에,

4 ~ 5 개이면 😐 (보통)에, 6 개 이상이면 😣 (노력 바람)에 색칠해 주세요.

만화로 개념 알아보기

학습목표 받아내림이 있는 (네 자리 수)−(세 자리 수)의 계산을 여러 가지 방법으로 해결하고 뺄셈의 기초를 다집니다.

오늘은 뺄셈 공부를 해 볼까?
세 자리 수의 뺄셈 배웠잖아~
우린 세 자리 수에서 만족할 수 없어!
앗!
그래~ 오늘은 (네 자리 수)−(세 자리 수) 계산을 배워 보자.
나 뺄셈 잘 한다니깐!
2412−839 풀어 봐~.
알아맞히면 믿어주지~.

(1) 십의 자리에서 받아내림한 후 12−9=3의 결과를 일의 자리에 써.
(2) 백의 자리에서 받아내림한 후 10−3=7의 결과를 십의 자리에 쓰고,
(3) 천의 자리에서 받아내림한 후 13−8=5의 결과를 백의 자리에 쓴 다음,
(4) 천의 자리에는 받아내림하고 남은 1을 내려 쓰면 돼.

우와~. 뺄셈 계산 능력이 예전보다 더 향상되었구나~.
이제 복숭아 따러 가자~.

3주

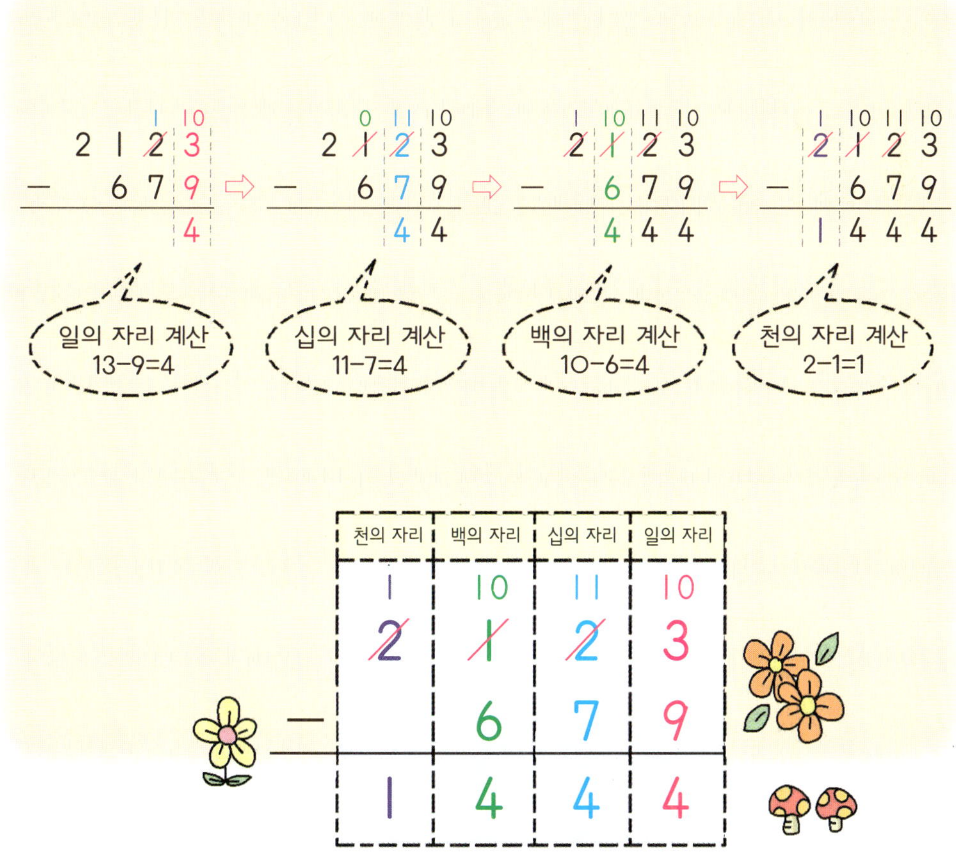

일의 자리 계산
13-9=4

십의 자리 계산
11-7=4

백의 자리 계산
10-6=4

천의 자리 계산
2-1=1

천의 자리	백의 자리	십의 자리	일의 자리
1	10	11	10
2	1	2	3
−	6	7	9
1	4	4	4

25차시 (네 자리 수)−(세 자리 수)

 뺄셈을 하시오.

(1)
```
    2 6 5 7
  -   3 4 6
  ─────────
    2 3 1 1
```

(2)
```
    1 9 8 6
  -   8 3 5
  ─────────
```

(3)
```
    3 6 7 3
  -   4 2 5
  ─────────
```

(4)
```
    2 7 9 4
  -   3 6 5
  ─────────
```

(5)
```
    2 4 6 7
  -   1 6 8
  ─────────
```

(6)
```
    3 6 2 4
  -   4 5 7
  ─────────
```

(7)
```
      9  9
    4 10 10 10
    5̶ 0  0  0
  -    3  4  5
  ───────────
```

(8)
```
    3 0 0 0
  -   7 4 6
  ─────────
```

 일의 자리 숫자끼리 뺄 수 없을 때에는 십의 자리에서, 십의 자리 숫자끼리 뺄 수 없을 때에는 백의 자리에서, 백의 자리 숫자끼리 뺄 수 없을 때에는 천의 자리에서 10을 받아내림하여 계산합니다.

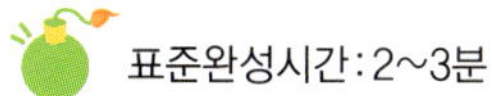

 뺄셈을 하시오.

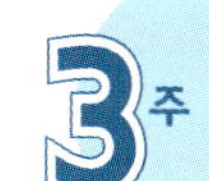

(9)

```
   2 4 7 5
 -   3 5 1
```

(10)

```
   8 2 8 6
 -   1 2 5
```

(11)

```
   9 8 7 4
 -   6 3 8
```

(12)

```
   7 6 1 8
 -   5 2 6
```

(13)

```
   5 4 1 6
 -   2 4 7
```

(14)

```
   3 8 4 0
 -   7 5 9
```

(15)

```
   6 5 1 3
 -   3 4 8
```

(16)

```
   4 8 2 0
 -   2 9 5
```

(17)

```
   9 2 5 0
 -   4 9 6
```

(18)

```
   5 2 4 3
 -   2 5 9
```

26차시 (네 자리 수)−(세 자리 수) 1단계

 뺄셈을 하시오.

(1)
```
    5 5 7 3
  −   2 5 2
```

(2)
```
    4 4 5 6
  −   2 1 4
```

(3)
```
    6 8 7 0
  −   3 4 6
```

(4)
```
    3 3 8 0
  −   2 5 4
```

(5)
```
    7 4 2 6
  −   2 3 8
```

(6)
```
    6 3 5 8
  −   1 8 9
```

(7)
```
    3 6 2 3
  −   4 9 9
```

(8)
```
    5 3 3 4
  −   6 5 8
```

(9)
```
    3 5 6 2
  −   7 9 7
```

(10)
```
    6 3 2 2
  −   5 6 6
```

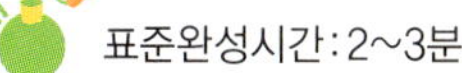

● 뺄셈을 하시오.

(11)
```
   3 9 4 6
 -   2 3 5
```

(12)
```
   6 8 7 7
 -   4 6 3
```

(13)
```
   7 6 0 7
 -   2 8 2
```

(14)
```
   8 5 7 9
 -   4 8 5
```

(15)
```
   4 4 3 2
 -   1 4 8
```

(16)
```
   6 9 1 2
 -   3 9 7
```

(17)
```
   7 5 4 0
 -   4 8 8
```

(18)
```
   3 4 2 0
 -   7 3 5
```

(19)
```
   3 3 1 0
 -   5 9 7
```

(20)
```
   4 6 3 7
 -   8 8 6
```

27차시 (네 자리 수)−(세 자리 수)

1단계

 뺄셈을 하시오.

(1)
```
   3 7 4 8
 −   6 5 1
```
① 일의 자리 계산 : 8−1=7
② 십의 자리 계산 : 4+10−5=9
③ 백의 자리 계산 : 7−1−6=0
④ 천의 자리 계산 : 3

(2)
```
   7 7 4 5
 −   5 6 3
```

(3)
```
   8 9 5 0
 −   3 2 7
```

(4)
```
   5 6 1 0
 −   3 7 1
```

(5)
```
   4 2 5 1
 −   1 7 9
```

(6)
```
   6 4 6 5
 −   6 8 6
```

(7)
```
   7 8 1 0
 −   4 2 9
```

꼭꼭 각 자리 숫자끼리 뺄 수 없을 때에는 바로 윗자리에서 10을 받아내림하여 계산합니다.

 뺄셈을 하시오.

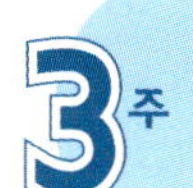

(8)
$$\begin{array}{r} 4827 \\ -745 \\ \hline \end{array}$$

(9)
$$\begin{array}{r} 5609 \\ -214 \\ \hline \end{array}$$

(10)
$$\begin{array}{r} 7397 \\ -472 \\ \hline \end{array}$$

(11)
$$\begin{array}{r} 3808 \\ -546 \\ \hline \end{array}$$

(12)
$$\begin{array}{r} 5663 \\ -285 \\ \hline \end{array}$$

(13)
$$\begin{array}{r} 8921 \\ -567 \\ \hline \end{array}$$

(14)
$$\begin{array}{r} 4612 \\ -535 \\ \hline \end{array}$$

(15)
$$\begin{array}{r} 2910 \\ -886 \\ \hline \end{array}$$

(16)
$$\begin{array}{r} 1304 \\ -537 \\ \hline \end{array}$$

(17)
$$\begin{array}{r} 6501 \\ -143 \\ \hline \end{array}$$

 뺄셈을 하시오.

(1)
```
  2 4 3 1
−   3 2 1
```

(2)
```
  1 9 4 8
−   4 1 8
```

(3)
```
  4 3 3 5
−   2 7 1
```

(4)
```
  4 6 0 7
−   2 8 2
```

(5)
```
  2 7 1 8
−   5 5 9
```

(6)
```
  5 3 7 0
−   1 8 2
```

(7)
```
  1 4 0 4
−   2 9 8
```

(8)
```
  4 5 0 6
−   8 7 8
```

(9)
```
  2 7 0 6
−   4 6 7
```

(10)
```
  5 8 0 5
−   5 9 7
```

 뺄셈을 하시오.

(11)
$$\begin{array}{r} 3\,9\,8\,5 \\ -\quad 4\,1\,8 \\ \hline \end{array}$$

(12)
$$\begin{array}{r} 3\,9\,8\,5 \\ -\quad 8\,6\,5 \\ \hline \end{array}$$

(13)
$$\begin{array}{r} 2\,7\,2\,9 \\ -\quad 6\,4\,5 \\ \hline \end{array}$$

(14)
$$\begin{array}{r} 2\,9\,1\,8 \\ -\quad 4\,9\,3 \\ \hline \end{array}$$

(15)
$$\begin{array}{r} 2\,5\,4\,2 \\ -\quad 2\,7\,6 \\ \hline \end{array}$$

(16)
$$\begin{array}{r} 5\,5\,3\,2 \\ -\quad 1\,4\,3 \\ \hline \end{array}$$

(17)
$$\begin{array}{r} 3\,6\,0\,4 \\ -\quad 3\,0\,9 \\ \hline \end{array}$$

(18)
$$\begin{array}{r} 2\,8\,3\,3 \\ -\quad 9\,0\,7 \\ \hline \end{array}$$

(19)
$$\begin{array}{r} 2\,4\,0\,6 \\ -\quad 7\,5\,7 \\ \hline \end{array}$$

(20)
$$\begin{array}{r} 4\,8\,0\,5 \\ -\quad 9\,9\,7 \\ \hline \end{array}$$

29차시 (네 자리 수)−(세 자리 수)

➕ 가로셈을 세로셈으로 고쳐 계산하시오.

(1) 6469−367

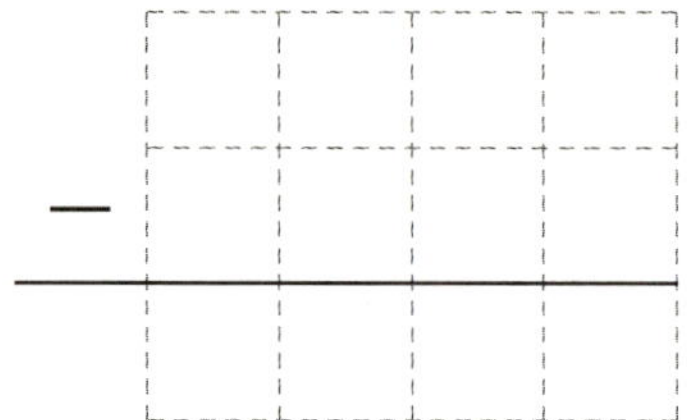

```
  6 4 6 9
-   3 6 7
─────────
```

(2) 4578−273

```
-
─────────
```

(3) 8694−387

(4) 2870−667

(5) 2732−293

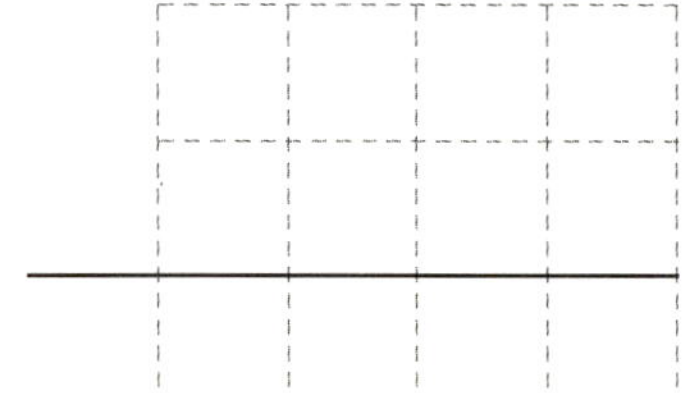

(6) 4811−576

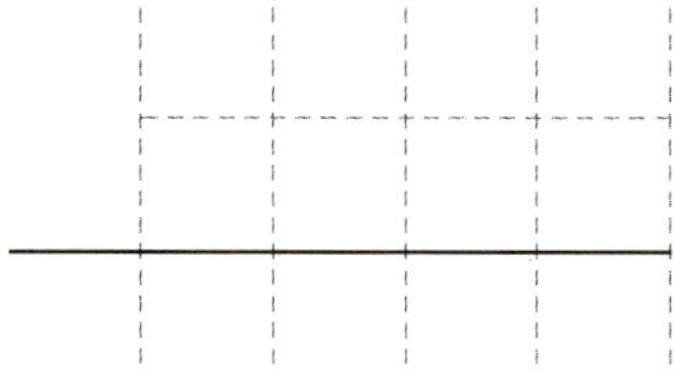

꼭꼭 가로셈을 세로셈으로 고쳐 계산할 때에는 자리를 맞추어 쓰고 일의 자리, 십의 자리, 백의 자리, 천의 자리의 순서로 계산합니다.

가로셈을 세로셈으로 고쳐 계산하시오.

(7)　7769−262

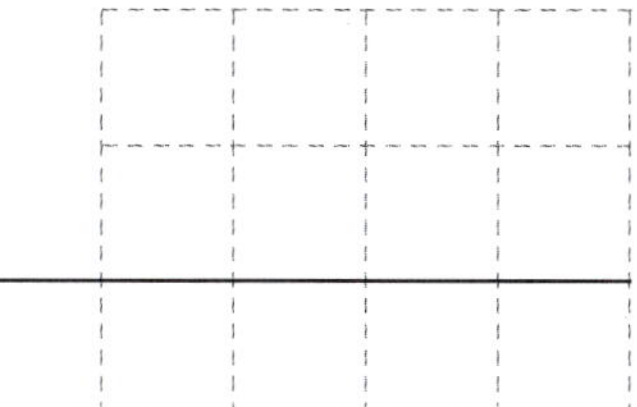

(8)　5877−676

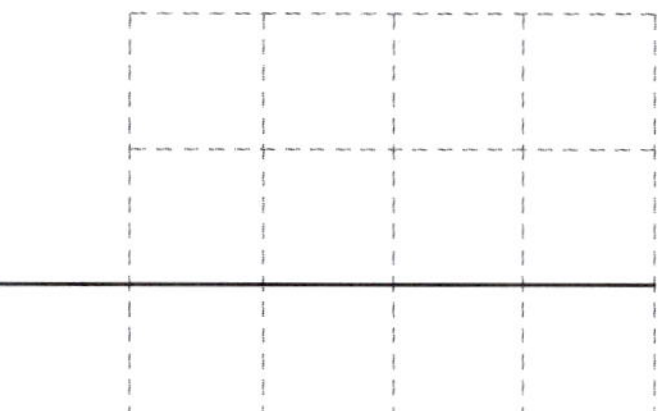

(9)　4532−268

(10)　6753−249

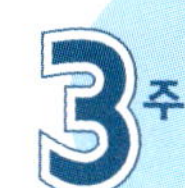

(11)　4920−147

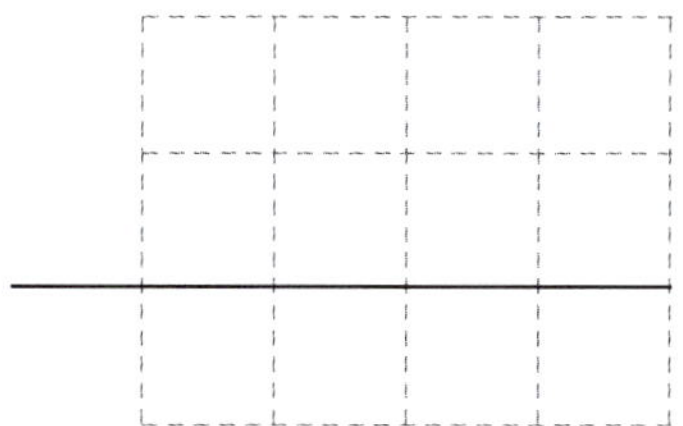

(12)　2720−578

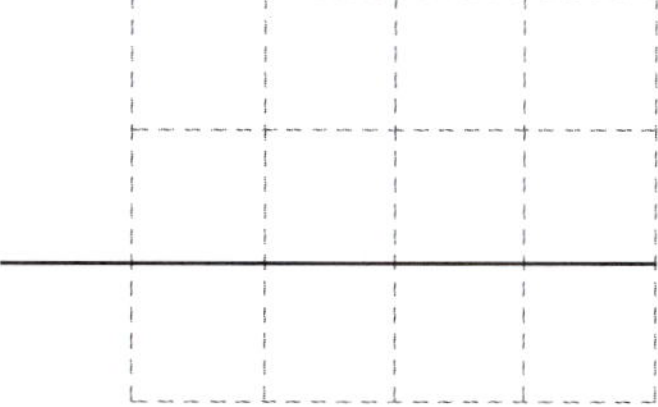

(13)　3604−309

(14)　1203−807

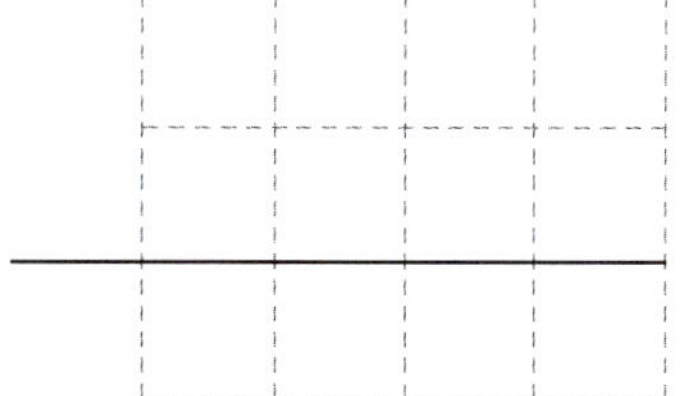

 가로셈을 세로셈으로 고쳐 계산하시오.

(1)　4946−523

(2)　1489−275

(3)　3297−475

(4)　6348−174

(5)　4524−357

(6)　7773−595

(7)　1501−473

(8)　2302−485

가로셈을 세로셈으로 고쳐 계산하시오.

(9) 5718−517

(10) 5238−127

(11) 3918−177

(12) 6364−579

(13) 3710−487

(14) 5857−559

(15) 3502−468

(16) 5704−637

 **31** 차시 **(네 자리 수)−(세 자리 수)**

 계산을 하시오.

(1) 2869−546−123

```
    2 8 6 9
  −   5 4 6
  ─────────

  −   1 2 3
  ─────────
```

① 앞에서부터 차례로 두 수씩 세로셈
  으로 나타내어 계산합니다.
② 2869−546=□
③ □−123=○

(2) 3154−157−261

```
    3 1 5 4
  −   1 5 7
  ─────────

  −   2 6 1
  ─────────
```

(3) 1463−458+283

```
    1 4 6 3
  −   4 5 8
  ─────────

  +   2 8 3
  ─────────
```

(4) 2743−159−372

```
    2 7 4 3
  −   1 5 9
  ─────────

  −   3 7 2
  ─────────
```

(5) 1486+573−284

```
    1 4 8 6
  +   5 7 3
  ─────────

  −   2 8 4
  ─────────
```

 계산을 하시오.

(6) 3568−214−345

```
    3 5 6 8
  −   2 1 4
  ─────────

  −     3 4 5
  ─────────
```

(7) 2428−216+745

```
    2 4 2 8
  −   2 1 6
  ─────────

  +   7 4 5
  ─────────
```

(8) 3564−214−392

```
    3 5 6 4
  −   2 1 4
  ─────────

  −   3 9 2
  ─────────
```

(9) 2675+572−273

```
    2 6 7 5
  +   5 7 2
  ─────────

  −   2 7 3
  ─────────
```

(10) 1685−126−809

```
    1 6 8 5
  −   1 2 6
  ─────────

  −   8 0 9
  ─────────
```

(11) 2852−437+714

```
    2 8 5 2
  −   4 3 7
  ─────────

  +   7 1 4
  ─────────
```

3주

 **(네 자리 수)−(세 자리 수)**

○ 계산을 하시오.

(1) 7976−224−231

(2) 6787−331+245

(3) 2135−186−479

(4) 1243+135−486

(5) 3134−228−187

(6) 1486−495+248

 계산을 하시오.

(7) 1785−205−357

```
  1 7 8 5
−   2 0 5

−   3 5 7
```

(8) 1882−215+252

```
  1 8 8 2
−   2 1 5

+   2 5 2
```

(9) 3694−721−414

```
  3 6 9 4
−   7 2 1

−   4 1 4
```

(10) 4168+370−287

```
  4 1 6 8
+   3 7 0

−   2 8 7
```

(11) 2414−158−234

```
  2 4 1 4
−   1 5 8

−   2 3 4
```

(12) 3471−614+128

```
  3 4 7 1
−   6 1 4

+   1 2 8
```

 계산을 하시오.

(1)

	9	9	9	9
−		2	5	7
	9	7	4	2
−		2	5	7
	9	4	8	5
−		2	5	7
−		2	5	7
−		2	5	7
−		2	5	7
−		2	5	7

(2)

	4	3	6	0
−		4	3	6
−		4	3	6
−		4	3	6
−		4	3	6
−		4	3	6
−		4	3	6
−		4	3	6

 같은 수를 여러 번 빼는 학습을 통하여 계산에 자신감을 갖고 뺄셈의 원리를 알고 숙달하는 과정입니다.

✚ 계산을 하시오.

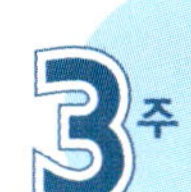

(3)

	3	3	6	0
−		3	3	6

−		3	3	6

−		3	3	6

−		3	3	6

−		3	3	6

−		3	3	6

−		3	3	6

−		3	3	6

−		3	3	6

(4)

	3	5	4	0
−		3	5	4

−		3	5	4

−		3	5	4

−		3	5	4

−		3	5	4

−		3	5	4

−		3	5	4

−		3	5	4

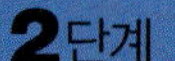

✚ 계산을 하시오.

(1)

```
    7 0 0 0
  −   6 4 2
```

```
  −   6 4 2
```

```
  −   6 4 2
```

```
  −   6 4 2
```

```
  −   6 4 2
```

```
  −   6 4 2
```

```
  −   6 4 2
```

```
  −   6 4 2
```

(2)

```
    5 0 0 0
  −   4 9 8
```

```
  −   4 9 8
```

```
  −   4 9 8
```

```
  −   4 9 8
```

```
  −   4 9 8
```

```
  −   4 9 8
```

```
  −   4 9 8
```

```
  −   4 9 8
```

❖ 계산을 하시오.

(3)

```
  5 0 5 0
-   2 1 9

-   2 1 9

-   2 1 9

-   2 1 9

-   2 1 9

-   2 1 9

-   2 1 9

-   2 1 9

-   2 1 9
```

(4)

```
  8 1 1 1
-   6 8 7

-   6 8 7

-   6 8 7

-   6 8 7

-   6 8 7

-   6 8 7

-   6 8 7

-   6 8 7

-   6 8 7
```

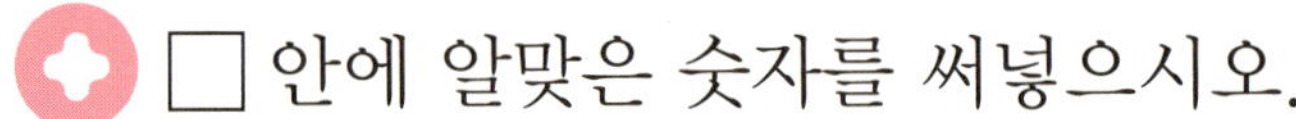

◆ □ 안에 알맞은 숫자를 써넣으시오.

(1)

	8	7	6
−			
2	3	4	1

(2)

	7	5	8
−			
2	1	2	3

(3)

−		9	8	6
2	7	6	1

① 일의 자리 계산 : □−6=1 → □=7
② 십의 자리 계산 : □+10−8=6 → □=4
③ 백의 자리 계산 : □−1+10−9=7 → □=7
④ 천의 자리 계산 : □−1=2 → □=3

(4)

		4	
−	6		5
3	9	7	4

(5)

		2	
−	5		6
5	2	8	2

(6)

	8		5
−		8	
7	4	8	9

(7)

	3		3
−		2	
1	5	2	4

꼭꼭 받아내림에 주의하여 □ 안에 알맞은 수를 구합니다.

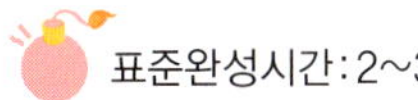

◆ □ 안에 알맞은 숫자를 써넣으시오.

(8)
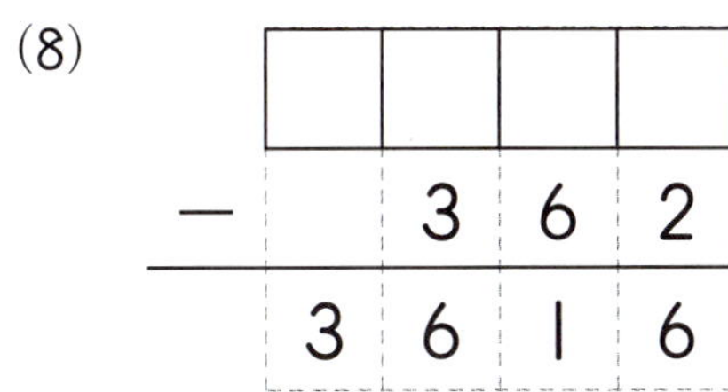

(9)

(10)
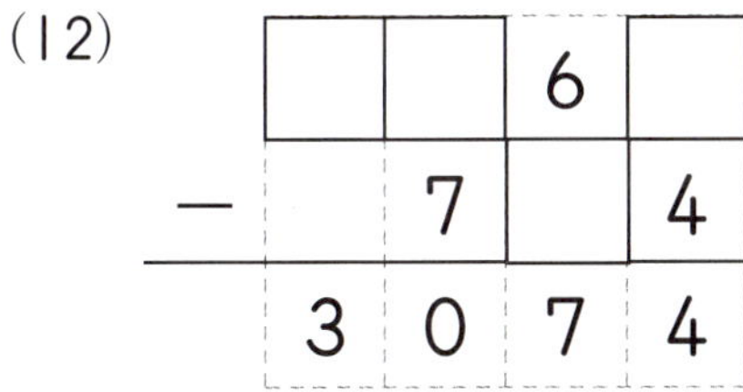

(11)
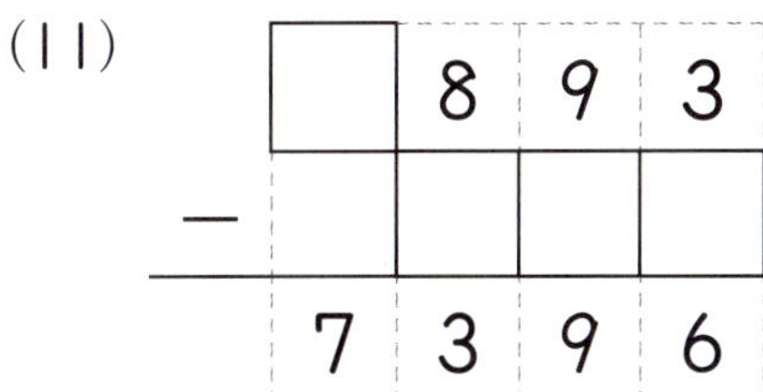

(12)

(13)

(14)

(15)
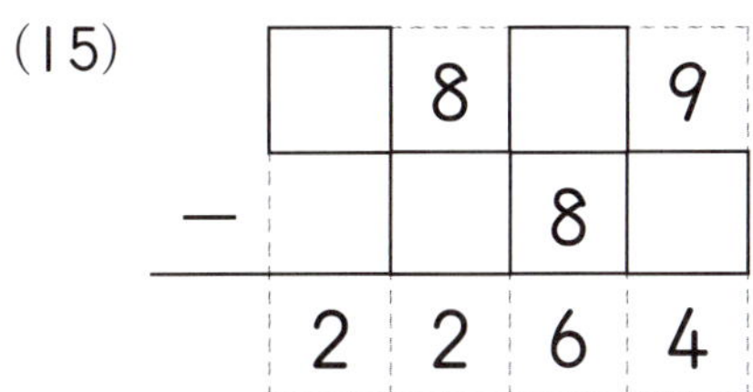

3주

36 차시 (네 자리 수)−(세 자리 수)

 □ 안에 알맞은 숫자를 써넣으시오.

(1)
```
    □ 7 8 □
−   □ □ □ 4
───────────
    1 4 2 3
```

(2)
```
    □ 9 5 □
−   □ □ □ 8
───────────
    3 5 9 1
```

(3)
```
    □ 6 □ □
−   □ □ 8 4
───────────
    2 2 8 4
```

(4)
```
    □ 5 □ □
−   □ □ 5 1
───────────
    3 8 2 8
```

(5)
```
    □ □ □ □
−     6 7 8
───────────
    7 1 6 8
```

(6)
```
    □ □ □ □
−     3 5 7
───────────
    1 3 0 1
```

(7)
```
    □ 8 6 7
−   □ □ □ □
───────────
    1 2 7 3
```

(8)
```
    □ 9 3 5
−   □ □ □ □
───────────
    2 4 5 3
```

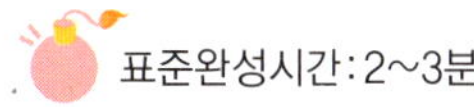

◆ □ 안에 알맞은 숫자를 써넣으시오.

(9)

	□	8	□	9
−			4	□
	3	5	2	4

(10)

	□	5	□	7
−			5	□
	2	8	4	0

(11)

	□	□	□	□
−		4	3	7
	2	4	3	1

(12)

	□	□	□	□
−		7	5	4
	2	8	9	3

(13)

	□	□	7	□
−		9	□	5
	2	4	9	8

(14)

	□	□	3	□
−		9	□	7
	1	5	5	1

(15)

	□	7	5	6
−		□	□	□
	1	8	9	1

(16)

	□	4	7	9
−		□	□	□
	1	9	9	4

 **4주** (네 자리 수)−(네 자리 수)

학습 체크표 매일 학습이 끝나면 채점을 하고 체크표를 작성하여 나의 실력을 알아보세요.

차시	단계	공부한 날	잘 했나요?
37차시		월 일	😊 🙂 😐 😣
38차시		월 일	😊 🙂 😐 😣
39차시		월 일	😊 🙂 😐 😣
40차시		월 일	😊 🙂 😐 😣
41차시	1단계	월 일	😊 🙂 😐 😣
42차시		월 일	😊 🙂 😐 😣
43차시		월 일	😊 🙂 😐 😣
44차시		월 일	😊 🙂 😐 😣
45차시	2단계	월 일	😊 🙂 😐 😣
46차시		월 일	😊 🙂 😐 😣
47차시	3단계	월 일	😊 🙂 😐 😣
48차시		월 일	😊 🙂 😐 😣

틀린 개수가

0~1 개이면 😊 (아주 잘함)에, 2~3 개이면 🙂 (잘함)에,

4~5 개이면 😐 (보통)에, 6개 이상이면 😣 (노력 바람)에 색칠해 주세요.

학습목표 받아내림이 있는 (네 자리 수)−(네 자리 수)의 계산을 여러 가지 방법으로 해결하고 뺄셈의 기초를 완성합니다.

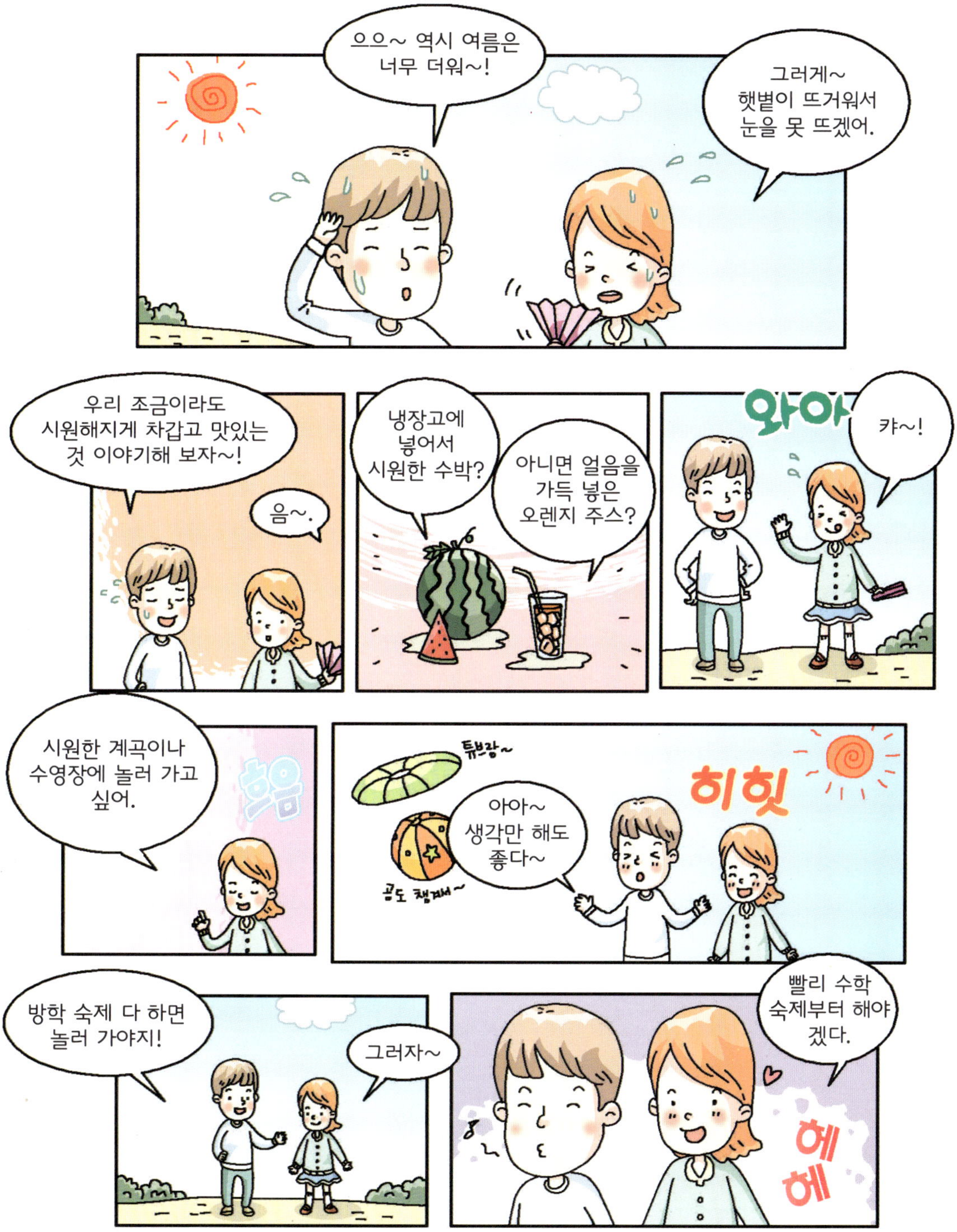

5143-3965는 어떻게 푸는 거지?
(네 자리 수)-(네 자리 수) 계산이네!
오~.
앞에서 배운 받아올림이 있는 계산을 이용하면 될걸.
이걸 풀면 천하무적~.
(1) 일의 자리를 계산하면~ 13-5=8
(2) 십의 자리를 계산하면~ 13-6=7
(3) 백의 자리를 계산하면~ 10-9=1
(4) 마지막으로 천의 자리를 계산하면~ 4-3=1
받아내림이 여러 번 있으니까 주의해서 계산해야 해~.
이 정도쯤이야~. 이제 어디로 놀러 갈까?

4주

$$
\begin{array}{r}
6\,1\,2\,1 \\
-\ 2\,4\,9\,3 \\
\hline
8
\end{array}
\Rightarrow
\begin{array}{r}
6\,1\,2\,1 \\
-\ 2\,4\,9\,3 \\
\hline
2\,8
\end{array}
\Rightarrow
\begin{array}{r}
6\,1\,2\,1 \\
-\ 2\,4\,9\,3 \\
\hline
6\,2\,8
\end{array}
\Rightarrow
\begin{array}{r}
6\,1\,2\,1 \\
-\ 2\,4\,9\,3 \\
\hline
3\,6\,2\,8
\end{array}
$$

일의 자리 계산 11−3=8	십의 자리 계산 11−9=2	백의 자리 계산 10−4=6	천의 자리 계산 5−2=3

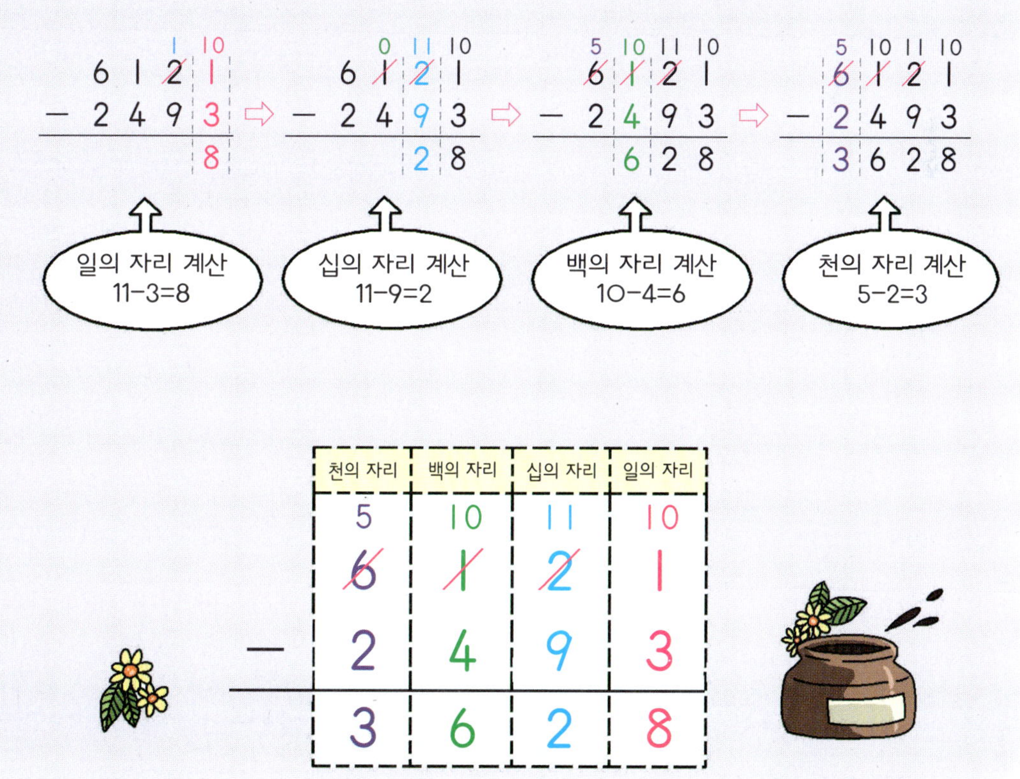

천의 자리	백의 자리	십의 자리	일의 자리
5	10	11	10
6	1	2	1
− 2	4	9	3
3	6	2	8

 뺄셈을 하시오.

(1)
```
   3 9 5 8
 - 1 6 4 2
 ─────────
   2 3 1 6
```

(2)
```
   4 9 7 5
 - 1 9 0 5
 ─────────
```

(3)
```
   5 8 7 5
 - 3 7 6 6
 ─────────
```

(4)
```
   6 3 9 4
 - 3 5 6 8
 ─────────
```

(5)
```
   8 5 1 2
 - 2 5 9 7
 ─────────
```

(6)
```
   7 8 0 3
 - 3 4 6 8
 ─────────
```

(7)
```
     4 9 9 10
   5̸ 0 0 6
 - 4 8 9 7
 ─────────
```

(8)
```
   8 0 0 0
 - 3 9 1 5
 ─────────
```

 각 자리 숫자끼리 뺄 수 없을 때에는 바로 윗자리에서 10을 받아내림하여 계산합니다.

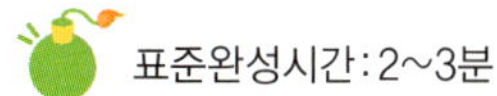

뺄셈을 하시오.

(9)
```
   5 6 9 2
 - 2 5 1 1
```

(10)
```
   3 8 2 4
 - 2 1 0 3
```

(11)
```
   7 9 1 3
 - 1 0 9 5
```

(12)
```
   8 3 2 1
 - 1 0 8 9
```

(13)
```
   7 7 5 9
 - 1 8 8 0
```

(14)
```
   4 5 5 9
 - 2 8 6 8
```

(15)
```
   7 8 6 5
 - 1 7 7 5
```

(16)
```
   3 2 1 9
 - 1 9 8 5
```

(17)
```
   8 4 6 3
 - 3 7 5 4
```

(18)
```
   6 9 1 6
 - 2 7 8 7
```

38차시 (네 자리 수)−(네 자리 수)

 뺄셈을 하시오.

(1)
$$\begin{array}{r} 7\ 3\ 7\ 6 \\ -\ 4\ 5\ 2\ 1 \\ \hline \end{array}$$

(2)
$$\begin{array}{r} 5\ 0\ 7\ 4 \\ -\ 2\ 7\ 0\ 3 \\ \hline \end{array}$$

(3)
$$\begin{array}{r} 5\ 6\ 9\ 2 \\ -\ 2\ 8\ 1\ 6 \\ \hline \end{array}$$

(4)
$$\begin{array}{r} 9\ 5\ 1\ 5 \\ -\ 3\ 9\ 0\ 8 \\ \hline \end{array}$$

(5)
$$\begin{array}{r} 7\ 9\ 1\ 3 \\ -\ 1\ 0\ 9\ 5 \\ \hline \end{array}$$

(6)
$$\begin{array}{r} 8\ 3\ 2\ 1 \\ -\ 1\ 0\ 8\ 9 \\ \hline \end{array}$$

(7)
$$\begin{array}{r} 7\ 7\ 5\ 9 \\ -\ 1\ 8\ 8\ 0 \\ \hline \end{array}$$

(8)
$$\begin{array}{r} 7\ 0\ 3\ 9 \\ -\ 1\ 1\ 8\ 5 \\ \hline \end{array}$$

(9)
$$\begin{array}{r} 5\ 0\ 7\ 7 \\ -\ 1\ 8\ 9\ 9 \\ \hline \end{array}$$

(10)
$$\begin{array}{r} 5\ 1\ 3\ 0 \\ -\ 2\ 8\ 8\ 8 \\ \hline \end{array}$$

 뺄셈을 하시오.

(11)

```
  7 9 4 8
- 2 0 4 7
─────────
```

(12)

```
  4 3 9 5
- 3 1 7 3
─────────
```

(13)

```
  8 0 7 3
- 3 2 8 8
─────────
```

(14)

```
  5 1 5 7
- 1 6 8 5
─────────
```

(15)

```
  5 3 4 8
- 2 9 7 1
─────────
```

(16)

```
  5 8 0 2
- 1 2 8 9
─────────
```

(17)

```
  8 3 4 4
- 1 5 5 9
─────────
```

(18)

```
  4 3 3 1
- 2 6 8 2
─────────
```

(19)

```
  5 0 0 3
- 1 2 9 8
─────────
```

(20)

```
  7 4 2 3
- 1 6 6 7
─────────
```

39차시 (네 자리 수)−(네 자리 수)

○ 뺄셈을 하시오.

(1)
```
   5 8 4 8
 - 1 3 0 3
```

(2)
```
   6 4 2 0
 - 2 5 8 0
```

(3)
```
   5 5 3 9
 - 2 7 3 5
```

① 일의 자리 계산 : 9−5=4
② 십의 자리 계산 : 3−3=0
③ 백의 자리 계산 : 15−7=8
④ 천의 자리 계산 : 5−1−2=2

(4)
```
   6 6 3 2
 - 2 2 6 8
```

(5)
```
   6 3 4 7
 - 3 2 8 7
```

(6)
```
   3 6 7 9
 - 2 9 8 5
```

(7)
```
   2 4 2 4
 - 1 8 7 8
```

 각 자리 숫자끼리 뺄 수 없을 때에는 바로 윗자리에서 10을 받아내림하여 계산합니다.

 뺄셈을 하시오.

(8)
$$7829 - 1576$$

(9)
$$6893 - 2219$$

(10)
$$5363 - 3578$$

(11)
$$4836 - 2769$$

(12)
$$5754 - 1287$$

(13)
$$6163 - 2837$$

(14)
$$3425 - 1788$$

(15)
$$3354 - 2876$$

(16)
$$3843 - 1179$$

(17)
$$4783 - 2938$$

 뺄셈을 하시오.

(1)
```
   7391
 − 1709
```

(2)
```
   5573
 − 2568
```

(3)
```
   4268
 − 2958
```

(4)
```
   6136
 − 1974
```

(5)
```
   4158
 − 2963
```

(6)
```
   5056
 − 2977
```

(7)
```
   4632
 − 1589
```

(8)
```
   5084
 − 3977
```

(9)
```
   4561
 − 1849
```

(10)
```
   5277
 − 2985
```

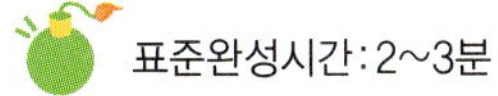

❖ 뺄셈을 하시오.

(11)
$$\begin{array}{r} 7769 \\ -\ 1423 \\ \hline \end{array}$$

(12)
$$\begin{array}{r} 7641 \\ -\ 1223 \\ \hline \end{array}$$

(13)
$$\begin{array}{r} 6271 \\ -\ 2459 \\ \hline \end{array}$$

(14)
$$\begin{array}{r} 7320 \\ -\ 1093 \\ \hline \end{array}$$

(15)
$$\begin{array}{r} 6413 \\ -\ 1337 \\ \hline \end{array}$$

(16)
$$\begin{array}{r} 5004 \\ -\ 1688 \\ \hline \end{array}$$

(17)
$$\begin{array}{r} 6118 \\ -\ 2125 \\ \hline \end{array}$$

(18)
$$\begin{array}{r} 7003 \\ -\ 1548 \\ \hline \end{array}$$

(19)
$$\begin{array}{r} 3305 \\ -\ 1699 \\ \hline \end{array}$$

(20)
$$\begin{array}{r} 7744 \\ -\ 1389 \\ \hline \end{array}$$

4주

 가로셈을 세로셈으로 고쳐 계산하시오.

(1) 7267−1623

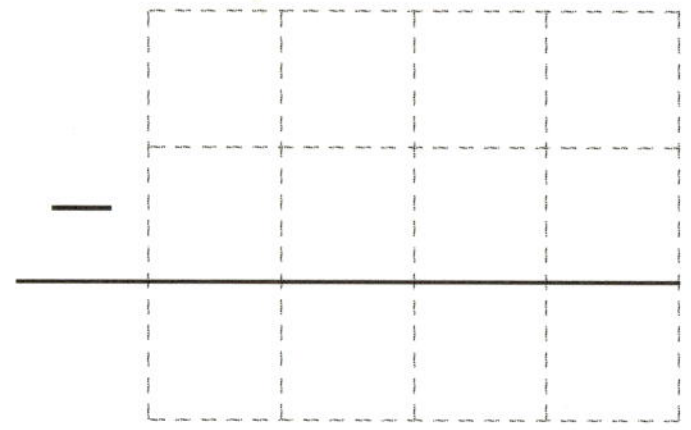

(2) 4367−1061

(3) 4210−2155

(4) 7511−2799

(5) 4539−3902

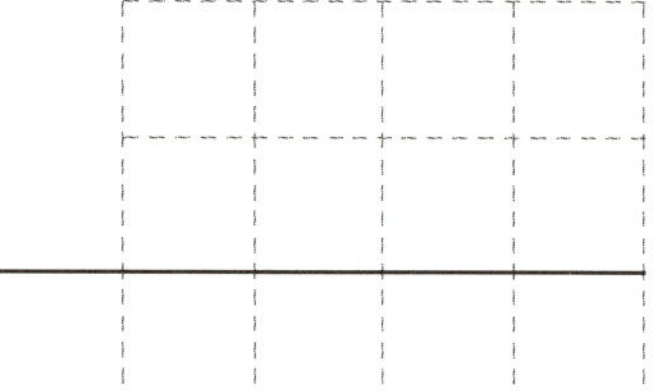

(6) 8326−1565

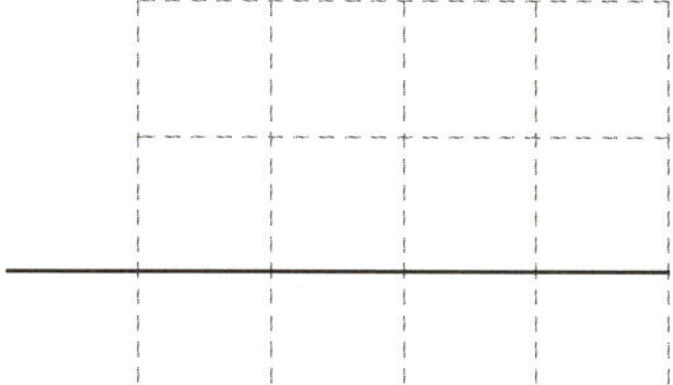

 가로셈을 세로셈으로 고쳐 계산할 때에는 자리를 맞추어 쓰고 일의 자리, 십의 자리, 백의 자리, 천의 자리의 순서로 계산합니다.

 가로셈을 세로셈으로 고쳐 계산하시오.

(7) $2460-1347$

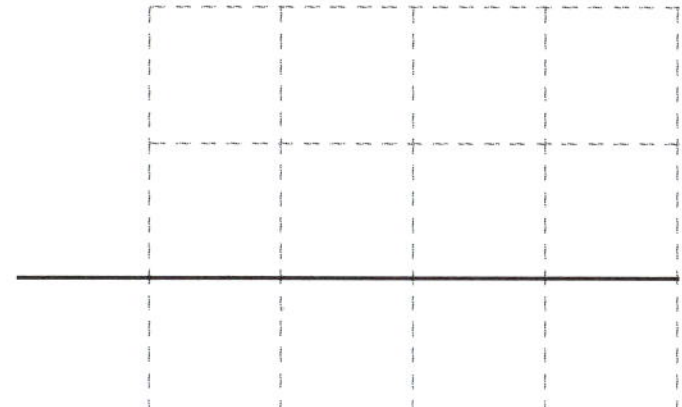

(8) $8080-4371$

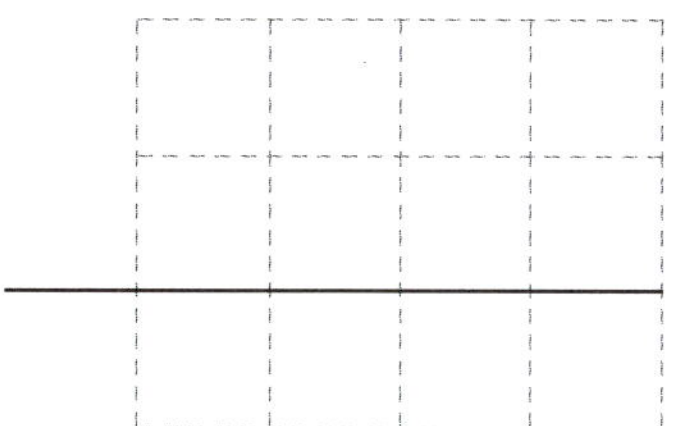

(9) $3455-1301$

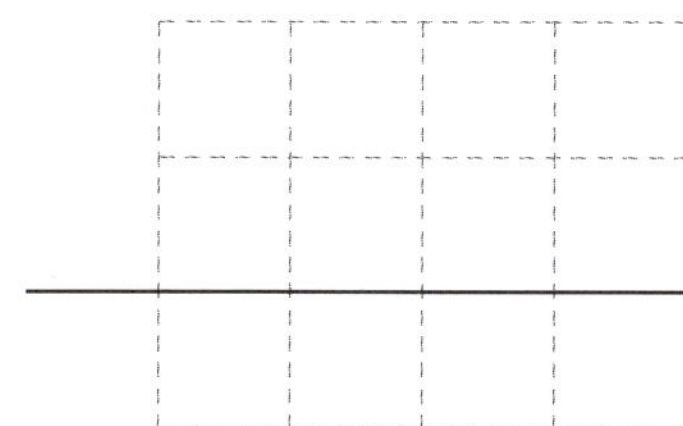

(10) $5707-1580$

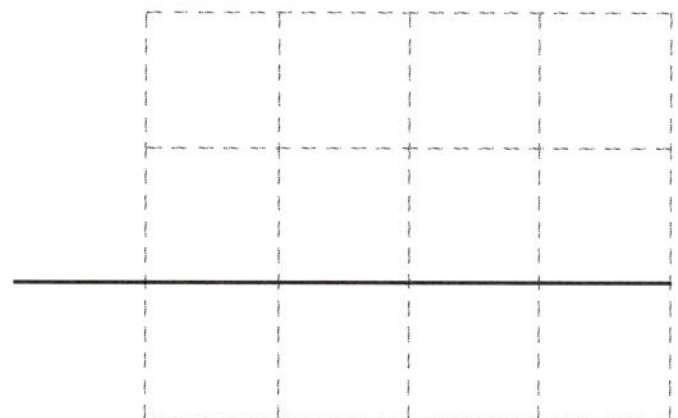

(11) $3811-2381$

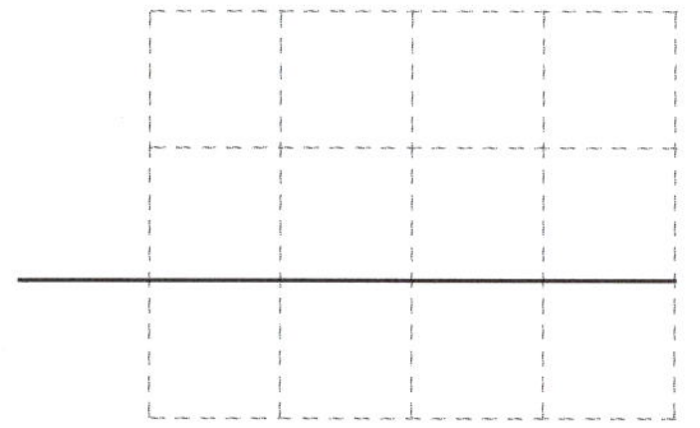

(12) $6492-1815$

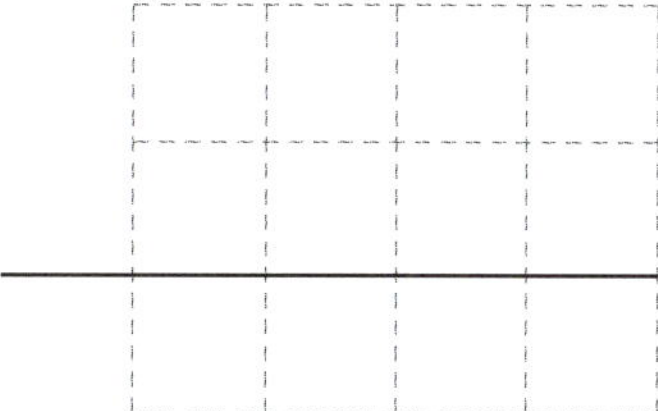

(13) $6465-2678$

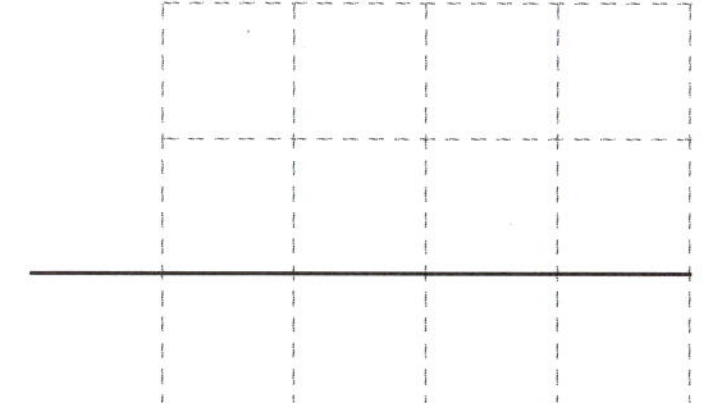

(14) $4231-2681$

42차시 (네 자리 수)−(네 자리 수) 1단계

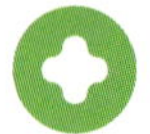

가로셈을 세로셈으로 고쳐 계산하시오.

(1) 5221−4010

(2) 6238−1510

(3) 4958−2427

(4) 5212−3093

(5) 7427−1130

(6) 6035−3777

(7) 8229−3513

(8) 3293−1579

✿ 가로셈을 세로셈으로 고쳐 계산하시오.

(9) 7752−1842

(10) 5998−1063

(11) 7117−1640

(12) 3363−1877

(13) 7320−1420

(14) 4320−3361

(15) 5520−3682

(16) 5321−1625

4주

계산을 하시오.

(1) 8257−2138−1263

$$
\begin{array}{r}
8\ 2\ 5\ 7 \\
-\ 2\ 1\ 3\ 8 \\
\hline
\\
-\ 1\ 2\ 6\ 3 \\
\hline
\end{array}
$$

① 앞에서부터 차례로 두 수씩 세로셈으로 나타내어 계산합니다.
② 8257−2138=□
③ □−1263=○

(2) 9248−2735−1456

$$
\begin{array}{r}
9\ 2\ 4\ 8 \\
-\ 2\ 7\ 3\ 5 \\
\hline
\\
-\ 1\ 4\ 5\ 6 \\
\hline
\end{array}
$$

(3) 4127−1354+2387

$$
\begin{array}{r}
4\ 1\ 2\ 7 \\
-\ 1\ 3\ 5\ 4 \\
\hline
\\
+\ 2\ 3\ 8\ 7 \\
\hline
\end{array}
$$

(4) 6149−2503−1621

$$
\begin{array}{r}
6\ 1\ 4\ 9 \\
-\ 2\ 5\ 0\ 3 \\
\hline
\\
-\ 1\ 6\ 2\ 1 \\
\hline
\end{array}
$$

(5) 3355+2243−3676

$$
\begin{array}{r}
3\ 3\ 5\ 5 \\
+\ 2\ 2\ 4\ 3 \\
\hline
\\
-\ 3\ 6\ 7\ 6 \\
\hline
\end{array}
$$

 계산을 하시오.

(6) 8591-2385-1748

$$
\begin{array}{r}
8591 \\
-\;2385 \\
\hline
\\
-\;1748 \\
\hline
\end{array}
$$

(7) 3309-1485+1634

$$
\begin{array}{r}
3309 \\
-\;1485 \\
\hline
\\
+\;1634 \\
\hline
\end{array}
$$

(8) 4285-1276-2158

$$
\begin{array}{r}
4285 \\
-\;1276 \\
\hline
\\
-\;2158 \\
\hline
\end{array}
$$

(9) 2467+1339-1385

$$
\begin{array}{r}
2467 \\
+\;1339 \\
\hline
\\
-\;1385 \\
\hline
\end{array}
$$

(10) 8237-3283-2567

$$
\begin{array}{r}
8237 \\
-\;3283 \\
\hline
\\
-\;2567 \\
\hline
\end{array}
$$

(11) 2614-1298+2497

$$
\begin{array}{r}
2614 \\
-\;1298 \\
\hline
\\
+\;2497 \\
\hline
\end{array}
$$

44 차시 (네 자리 수)-(네 자리 수)

✚ 계산을 하시오.

(1) 6565−1289−2497

```
    6 5 6 5
  −   1 2 8 9
  ───────────

  −   2 4 9 7
  ───────────
```

(2) 4146−3797+2569

```
    4 1 4 6
  −   3 7 9 7
  ───────────

  +   2 5 6 9
  ───────────
```

(3) 8394−1306−4494

```
    8 3 9 4
  −   1 3 0 6
  ───────────

  −   4 4 9 4
  ───────────
```

(4) 3295+3508−4158

```
    3 2 9 5
  +   3 5 0 8
  ───────────

  −   4 1 5 8
  ───────────
```

(5) 5427−2572−1354

```
    5 4 2 7
  −   2 5 7 2
  ───────────

  −   1 3 5 4
  ───────────
```

(6) 7663−4205+2175

```
    7 6 6 3
  −   4 2 0 5
  ───────────

  +   2 1 7 5
  ───────────
```

❖ 계산을 하시오.

(7) 7439−4268−2505

```
    7 4 3 9
−   4 2 6 8
─────────────
−   2 5 0 5
```

(8) 5148−3162+2778

```
    5 1 4 8
−   3 1 6 2
─────────────
+   2 7 7 8
```

(9) 8449−1382−4198

```
    8 4 4 9
−   1 3 8 2
─────────────
−   4 1 9 8
```

(10) 1306+3674−2178

```
    1 3 0 6
+   3 6 7 4
─────────────
−   2 1 7 8
```

(11) 5787−1197−2236

```
    5 7 8 7
−   1 1 9 7
─────────────
−   2 2 3 6
```

(12) 3689−1293+2502

```
    3 6 8 9
−   1 2 9 3
─────────────
+   2 5 0 2
```

45 차시 (네 자리 수)−(네 자리 수)

계산을 하시오.

(1)

```
    8 8 8 8
  − 1 0 5 7
  
  − 1 0 5 7
  
  − 1 0 5 7
```

(2)

```
    6 6 6 6
  − 1 1 8 2
  
  + 2 8 1 1
  
  − 1 1 8 2
```

(3)

```
    7 7 7 7
  − 1 5 7 8
  
  − 1 5 7 8
  
  − 1 5 7 8
```

(4)

```
    5 5 5 5
  − 1 3 4 2
  
  + 2 4 3 1
  
  − 1 3 4 2
```

 같은 수를 여러 번 빼고 더하는 학습을 통하여 계산에 자신감을 갖고 뺄셈과 혼합 계산을 숙달하도록 합니다.

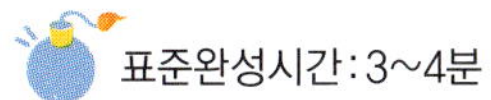

✚ 계산을 하시오.

(5)

$$
\begin{array}{r}
9\ 0\ 0\ 0 \\
-\ 1\ 2\ 3\ 9 \\
\hline
\end{array}
$$

$$
\begin{array}{r}
-\ 1\ 2\ 3\ 9 \\
\hline
\end{array}
$$

$$
\begin{array}{r}
-\ 1\ 2\ 3\ 9 \\
\hline
\end{array}
$$

$$
\begin{array}{r}
-\ 1\ 2\ 3\ 9 \\
\hline
\end{array}
$$

(6)

$$
\begin{array}{r}
3\ 0\ 0\ 0 \\
-\ 1\ 6\ 7\ 3 \\
\hline
\end{array}
$$

$$
\begin{array}{r}
+\ 3\ 7\ 6\ 1 \\
\hline
\end{array}
$$

$$
\begin{array}{r}
-\ 1\ 6\ 7\ 3 \\
\hline
\end{array}
$$

$$
\begin{array}{r}
+\ 3\ 7\ 6\ 1 \\
\hline
\end{array}
$$

(7)

$$
\begin{array}{r}
8\ 0\ 0\ 0 \\
-\ 1\ 5\ 7\ 8 \\
\hline
\end{array}
$$

$$
\begin{array}{r}
-\ 1\ 5\ 7\ 8 \\
\hline
\end{array}
$$

$$
\begin{array}{r}
-\ 1\ 5\ 7\ 8 \\
\hline
\end{array}
$$

$$
\begin{array}{r}
-\ 1\ 5\ 7\ 8 \\
\hline
\end{array}
$$

(8)

$$
\begin{array}{r}
5\ 0\ 0\ 0 \\
-\ 1\ 9\ 7\ 2 \\
\hline
\end{array}
$$

$$
\begin{array}{r}
+\ 2\ 7\ 9\ 1 \\
\hline
\end{array}
$$

$$
\begin{array}{r}
-\ 1\ 9\ 7\ 2 \\
\hline
\end{array}
$$

$$
\begin{array}{r}
+\ 2\ 7\ 9\ 1 \\
\hline
\end{array}
$$

 **(네 자리 수)-(네 자리 수)**

 계산을 하시오.

(1)

```
    8 3 4 1
  - 1 4 3 8
  ─────────

  - 1 4 3 8
  ─────────

  - 1 4 3 8
  ─────────

  - 1 4 3 8
  ─────────
```

(2)

```
    3 9 6 2
  - 2 6 9 3
  ─────────

  + 3 9 6 2
  ─────────

  - 2 6 9 3
  ─────────

  + 3 9 6 2
  ─────────
```

(3)

```
    7 8 4 1
  - 1 4 8 7
  ─────────

  - 1 4 8 7
  ─────────

  - 1 4 8 7
  ─────────

  - 1 4 8 7
  ─────────
```

(4)

```
    2 8 7 1
  - 1 7 8 2
  ─────────

  + 2 8 7 1
  ─────────

  - 1 7 8 2
  ─────────

  + 2 8 7 1
  ─────────
```

✿ 계산을 하시오.

(5)

$$
\begin{array}{r}
7\ 6\ 5\ 1 \\
-\ 1\ 5\ 6\ 7 \\
\hline
\end{array}
$$

$$
\begin{array}{r}
-\ 1\ 5\ 6\ 7 \\
\hline
\end{array}
$$

$$
\begin{array}{r}
-\ 1\ 5\ 6\ 7 \\
\hline
\end{array}
$$

$$
\begin{array}{r}
-\ 1\ 5\ 6\ 7 \\
\hline
\end{array}
$$

(6)

$$
\begin{array}{r}
2\ 8\ 6\ 1 \\
-\ 1\ 2\ 8\ 6 \\
\hline
\end{array}
$$

$$
\begin{array}{r}
+\ 2\ 8\ 6\ 1 \\
\hline
\end{array}
$$

$$
\begin{array}{r}
-\ 1\ 2\ 8\ 6 \\
\hline
\end{array}
$$

$$
\begin{array}{r}
+\ 2\ 8\ 6\ 1 \\
\hline
\end{array}
$$

(7)

$$
\begin{array}{r}
8\ 5\ 3\ 1 \\
-\ 1\ 3\ 5\ 8 \\
\hline
\end{array}
$$

$$
\begin{array}{r}
-\ 1\ 3\ 5\ 8 \\
\hline
\end{array}
$$

$$
\begin{array}{r}
-\ 1\ 3\ 5\ 8 \\
\hline
\end{array}
$$

$$
\begin{array}{r}
-\ 1\ 3\ 5\ 8 \\
\hline
\end{array}
$$

(8)

$$
\begin{array}{r}
3\ 4\ 9\ 1 \\
-\ 1\ 3\ 4\ 9 \\
\hline
\end{array}
$$

$$
\begin{array}{r}
+\ 3\ 4\ 9\ 1 \\
\hline
\end{array}
$$

$$
\begin{array}{r}
-\ 1\ 3\ 4\ 9 \\
\hline
\end{array}
$$

$$
\begin{array}{r}
+\ 3\ 4\ 9\ 1 \\
\hline
\end{array}
$$

47차시 (네 자리 수)−(네 자리 수)

□ 안에 알맞은 숫자를 써넣으시오.

(1)

	3	6	1	0
−	□	□	□	□
	1	2	1	9

① 일의 자리 계산 : 10−□=9 → □=1
② 십의 자리 계산 : 1−1+10−□=1 → □=9
③ 백의 자리 계산 : 6−1−□=2 → □=3
④ 천의 자리 계산 : 3−□=1 → □=2

(2)

	□	□	□	□
−	5	8	1	6
	1	5	7	7

(3)

	7	5	4	1
−	□	□	□	□
	4	8	6	8

(4)

	5	□	2	□
−	□	3	□	7
	3	0	8	9

(5)

	□	□	□	□
−	1	6	8	4
	3	8	4	7

(6)

	□	7	□	1
−	7	□	3	□
	1	8	9	1

(7)

	□	1	□	2
−	1	□	8	□
	1	4	8	9

꼭꼭 받아내림에 주의하여 □ 안에 알맞은 수를 구합니다.

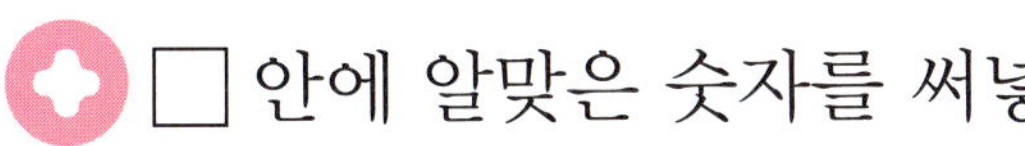

□ 안에 알맞은 숫자를 써넣으시오.

(8)
```
    □ □ □ □
 -  1 1 7 3
    3 2 8 9
```

(9)
```
    □ □ □ □
 -  5 8 3 4
    1 7 7 8
```

(10)
```
    □ 2 5 9
 -  1 □ □
    4 4 9 6
```

(11)
```
    □ 7 2 5
 -  1 □ □
    1 7 8 9
```

(12)
```
    □ □ 1 □
 -  4 7 □ 7
    3 5 8 1
```

(13)
```
    □ □ 3 □
 -  4 8 □ 5
    4 7 7 9
```

(14)
```
    □ 7 □ 2
 -  1 □ 5 □
    2 1 8 9
```

(15)
```
    □ 3 □ 1
 -  4 □ 9 □
    2 5 8 2
```

✿ 빈칸에 알맞은 수를 써넣으시오.

7832	−		=	3891
−		−		−
3624	−		=	
=		=		=
	−		=	2031

빈칸에 알맞은 수를 써넣으시오.

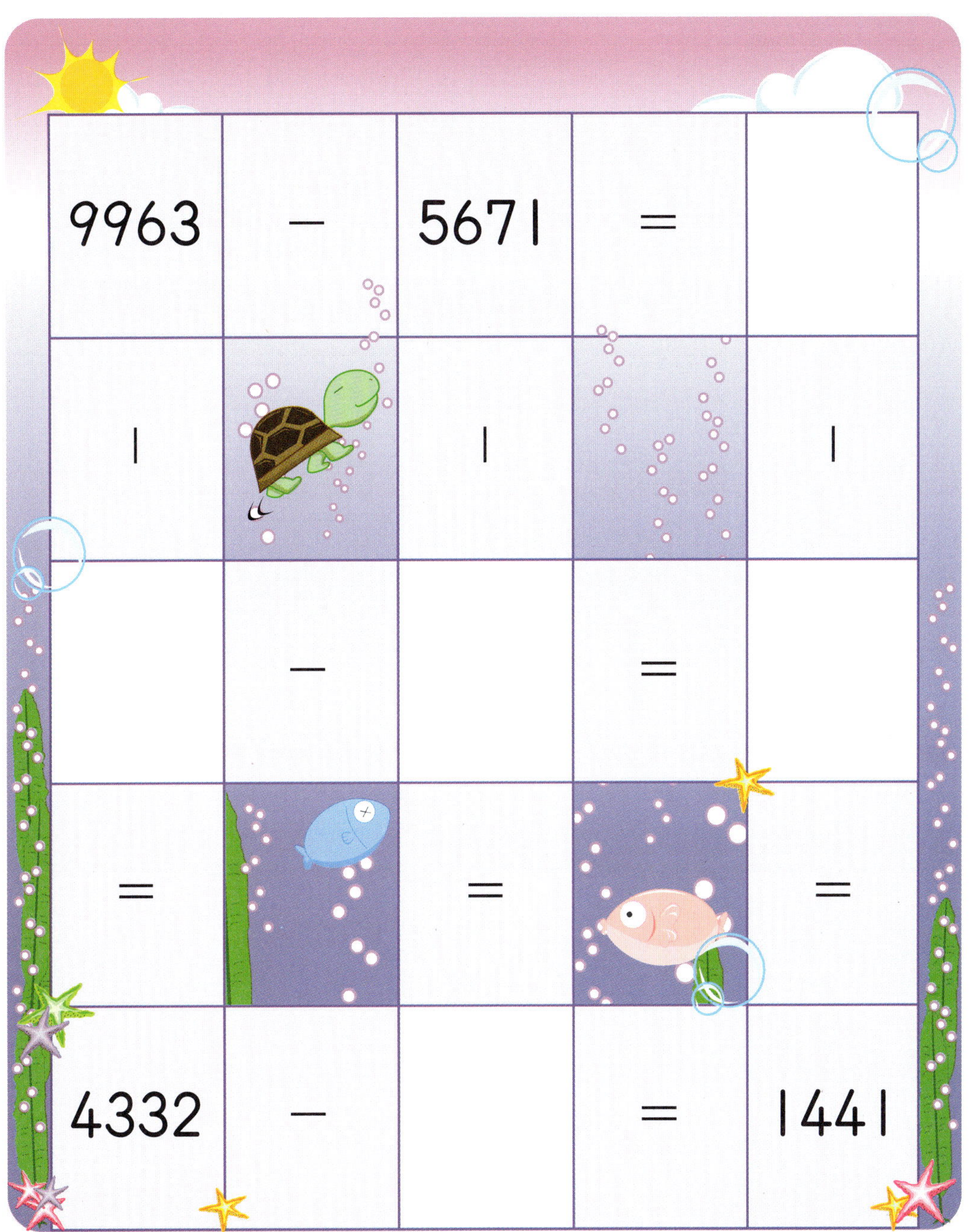

계산을 하시오.

(1)
$$\begin{array}{r} 3676 \\ +\ \ 246 \\ \hline \end{array}$$

(2)
$$\begin{array}{r} 3245 \\ +\ \ 459 \\ \hline \end{array}$$

(3)
$$\begin{array}{r} 2638 \\ +\ \ 447 \\ \hline \end{array}$$

(4)
$$\begin{array}{r} 2475 \\ +\ \ 562 \\ \hline \end{array}$$

(5)
$$\begin{array}{r} 2357 \\ +\ \ 296 \\ \hline \end{array}$$

(6)
$$\begin{array}{r} 5358 \\ +\ \ 348 \\ \hline \end{array}$$

(7)
$$\begin{array}{r} 3539 \\ +\ \ 278 \\ \hline \end{array}$$

(8)
$$\begin{array}{r} 1413 \\ +6337 \\ \hline \end{array}$$

(9)
$$\begin{array}{r} 1241 \\ +7623 \\ \hline \end{array}$$

(10)
$$\begin{array}{r} 6271 \\ +2459 \\ \hline \end{array}$$

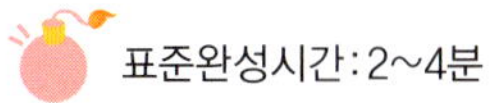

틀린 개수	0~2	3~5	6~9	10개 이상
평가	아주 잘함	잘함	보통	노력 바람

채점을 하고, 틀린 개수에 맞게 ○표 하세요.

(11)
$$\begin{array}{r} 7320 \\ +\ 1093 \\ \hline \end{array}$$

(12)
$$\begin{array}{r} 7769 \\ +\ 1423 \\ \hline \end{array}$$

(13)
$$\begin{array}{r} 5004 \\ +\ 1688 \\ \hline \end{array}$$

(14)
$$\begin{array}{r} 6118 \\ +\ 2125 \\ \hline \end{array}$$

(15)
$$\begin{array}{r} 3985 \\ -\ \ 418 \\ \hline \end{array}$$

(16)
$$\begin{array}{r} 3985 \\ -\ \ 865 \\ \hline \end{array}$$

(17)
$$\begin{array}{r} 2729 \\ -\ \ 645 \\ \hline \end{array}$$

(18)
$$\begin{array}{r} 2918 \\ -\ \ 493 \\ \hline \end{array}$$

(19)
$$\begin{array}{r} 2542 \\ -\ \ 276 \\ \hline \end{array}$$

(20)
$$\begin{array}{r} 5532 \\ -\ \ 143 \\ \hline \end{array}$$

(21)
```
  3 6 0 4
-   3 0 9
```

(22)
```
  7 7 6 9
- 1 4 2 3
```

(23)
```
  7 6 4 1
- 1 2 2 3
```

(24)
```
  6 2 7 1
- 2 4 5 9
```

(25)
```
  7 3 2 0
- 1 0 9 3
```

(26)
```
  6 4 1 3
- 1 3 3 7
```

(27)
```
  5 0 0 4
- 1 6 8 8
```

(28)
```
  6 1 1 8
- 2 1 2 5
```

자르는 선을 따라 잘라 보관하여, 채점할 때 사용하세요.

1주 (네 자리 수)+(세 자리 수)

지도 방법

① 받아올림이 있는 (네 자리 수)+(세 자리 수)의 계산을 학습하기 전에 받아올림이 있는 두 수의 덧셈 문제를 바르게 해결하고 해결 과정의 원리를 익히고 있는지 확인하도록 합니다.

② 계산 순서에 맞게 덧셈을 해결하도록 주의하여 지도하고, 어려워 하는 경우 받아올림한 숫자를 작게 써서 계산할 수 있도록 합니다.

③ 반복 학습을 통해 계산력을 신장시킬 수 있으나 다소 지루해 할 수 있으므로 다양한 유형의 문제를 골고루 접할 기회를 제공해 줍니다.

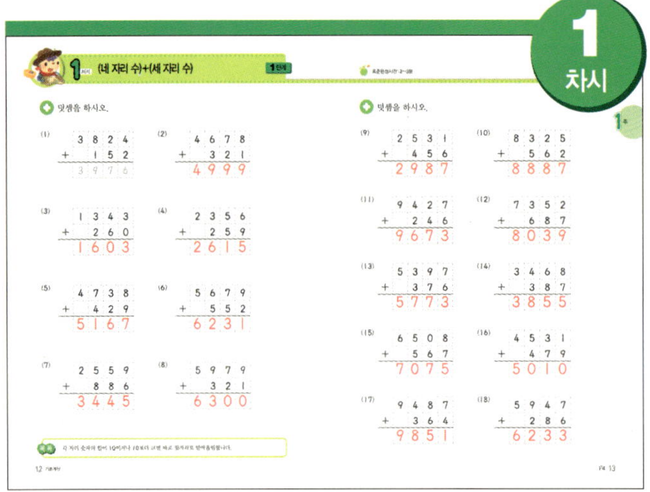

1차시

12~13쪽

각 자리 숫자의 합이 10이거나 10보다 크면 바로 윗자리로 받아올림 합니다.

2차시

14~15쪽

일의 자리부터 차례로 받아올림에 주의하여 계산합니다.

각 자리 숫자의 합이 10이거나 10 보다 크면 바로 윗자리로 받아올림 합니다. 이때, 받아올림한 수 1을 윗자리 위에 작게 써서 계산하는 것도 좋습니다.

3차시와 동일한 방법으로 계산하고, 점차 계산이 익숙해지면 받아올림한 수를 쓰지 않고 계산해보도록 합니다.

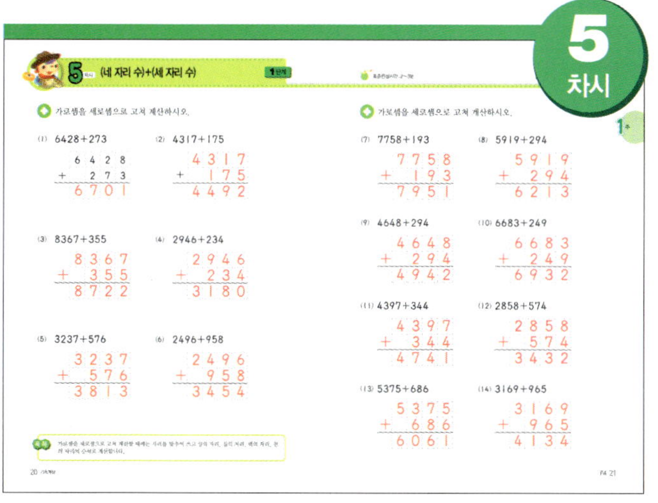

가로셈을 세로셈으로 고쳐 계산할 때에는 자리를 맞추어 쓰고 일의 자리, 십의 자리, 백의 자리, 천의 자리의 순서로 계산합니다.

6 차시

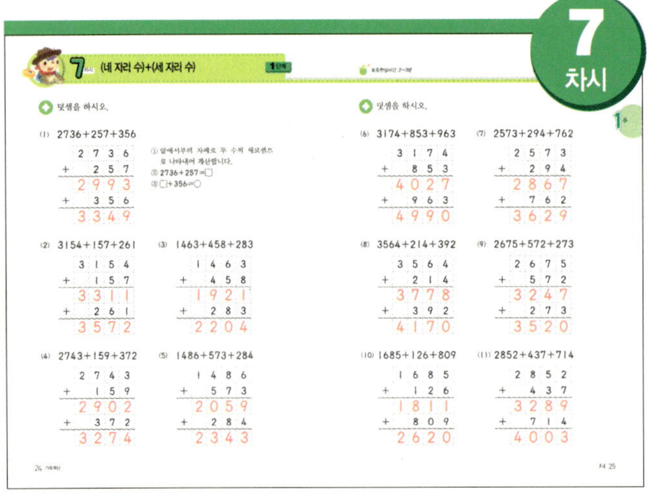

더하는 두 수의 자릿수가 다르므로 세로셈으로 나타낼 때 자릿수를 맞추어 쓰는 것에 주의합니다.

7 차시

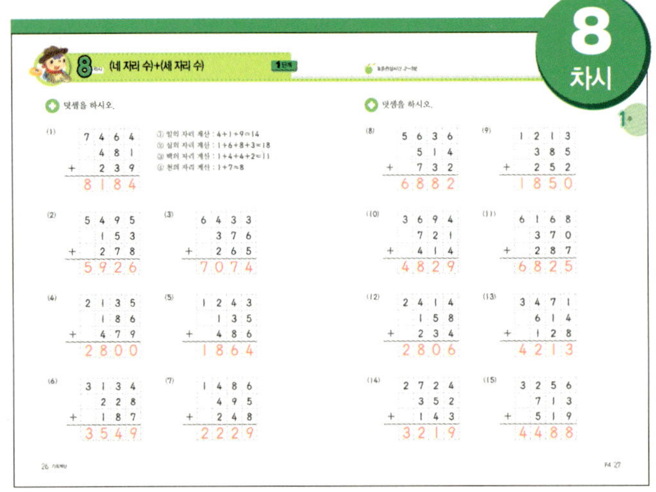

앞에서부터 차례로 두 수씩 세로셈으로 나타내어 계산합니다.

8 차시

26~27쪽

두 수씩 계산하지 말고 각 자리 숫자를 세 수씩 한꺼번에 더하여 계산하도록 합니다.

28 ～ 29쪽

지금까지 충분한 연습을 하였으므로 따로 식을 세우지 않고 암산으로 하도록 합니다.

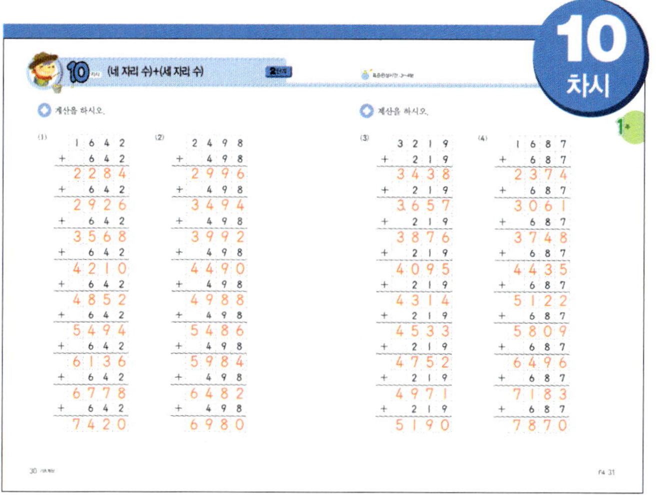

30 ～ 31쪽

중간 계산이 틀리면 아래의 계산도 틀려지므로 주의하여 차근차근 계산하도록 합니다.

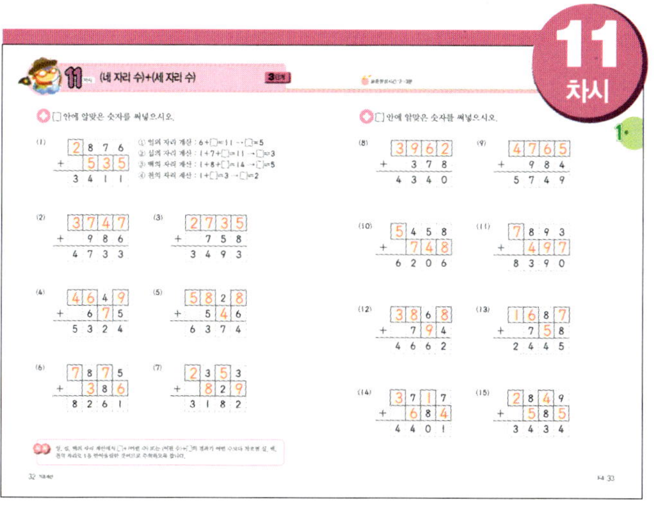

32 ～ 33쪽

일, 십, 백의 자리 계산에서 □+(어떤 수) 또는 (어떤 수)+□의 결과가 어떤 수보다 작으면 십, 백, 천의 자리로 1을 받아올림한 것이므로 주의하도록 합니다.

F4 · 정답 및 지도서　**127**

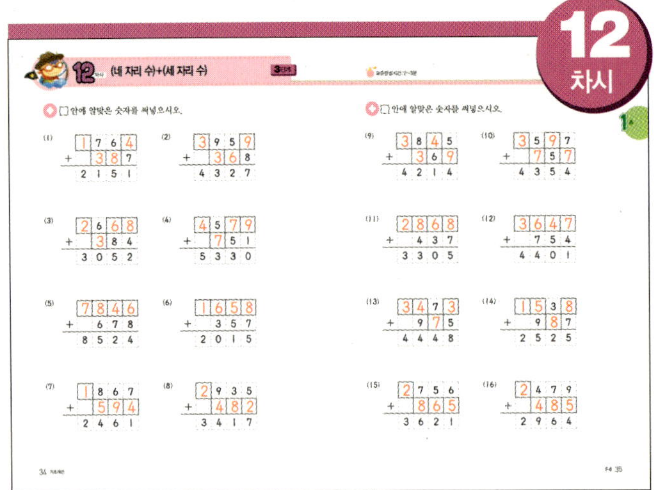

34 ~ 35쪽

받아올림한 수를 생각하여 일의 자리, 십의 자리, 백의 자리, 천의 자리의 순서로 □를 구합니다.

2주 (네 자리 수)+(네 자리 수)

지도 방법

1. 받아올림이 있는 (네 자리 수)+(세 자리 수)의 학습을 바탕으로 받아올림이 있는 (네 자리 수)+(네 자리 수)를 학습하게 되므로, 앞 단계의 학습이 제대로 이루어졌는지 간단한 테스트를 통해 점검해 봅니다. 테스트를 통과하지 못한 학생은 앞 단계 학습을 반복합니다.
2. 받아올림에 대한 연습은 앞 단계에서 충분히 이루어졌으므로 받아올림한 수를 표시하지 않고 계산할 수 있도록 지도합니다.
3. 계산을 능숙하게 할 수 있음을 자만하여 계산 순서를 지키지 않는 어린이들에게는 주의를 줍니다.

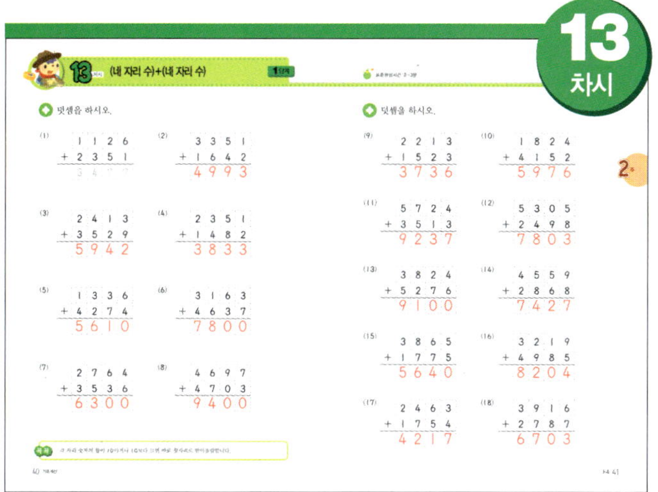

13 차시

40~41쪽

각 자리 숫자의 합이 10이거나 10보다 크면 바로 윗자리로 받아올림 합니다.

14 차시

42~43쪽

일의 자리, 십의 자리, 백의 자리, 천의 자리의 순서로 받아올림에 주의하며 계산합니다.

각 자리 숫자의 합이 10이거나 10 보다 크면 바로 윗자리로 받아올림 합니다. 아동이 힘들어 하면 올림한 수를 작게 써서 계산하는 것도 좋습 니다.

점차 받아올림한 수를 쓰지 않고 계산할 수 있도록 합니다. 계산이 자주 틀리거나 어려워하면 앞 단계 를 다시 한번 차근차근 풀어보도록 합니다.

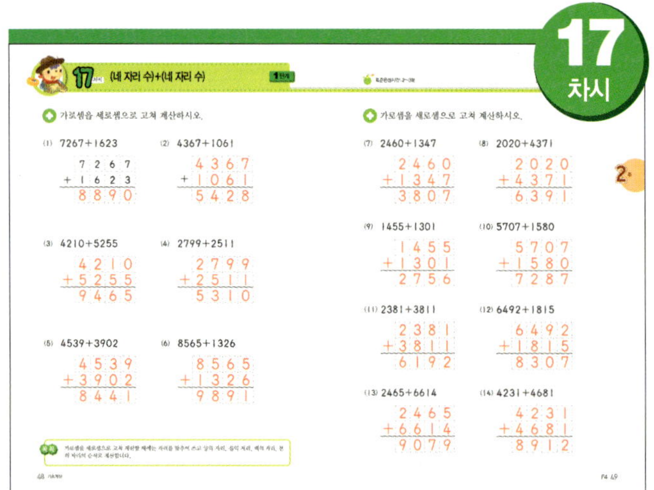

가로셈을 세로셈으로 고쳐 계산할 때에는 자리를 맞추어 쓰고 일의 자리, 십의 자리, 백의 자리, 천의 자리의 순서로 계산합니다.

가로셈은 세로셈으로 고쳐서 계산하면 편리함을 알게 합니다.

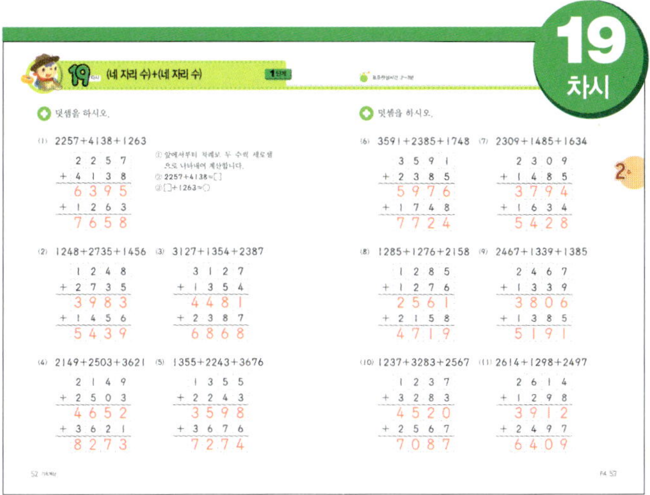

앞에서부터 차례로 두 수씩 세로셈으로 나타내어 계산합니다. 이때, 받아올림에 주의하도록 합니다.

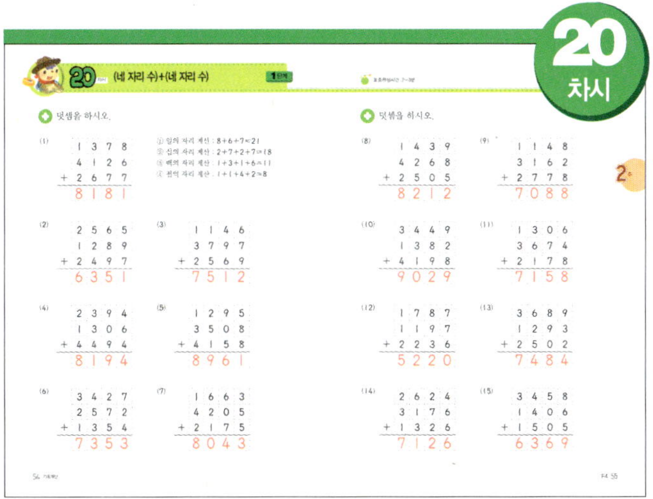

주어진 세 수의 각 자리에 맞게 각 자리의 숫자의 합을 한꺼번에 구하도록 합니다. 이때, 받아올림이 두 번 있는 경우도 있으므로 주의하도록 합니다.

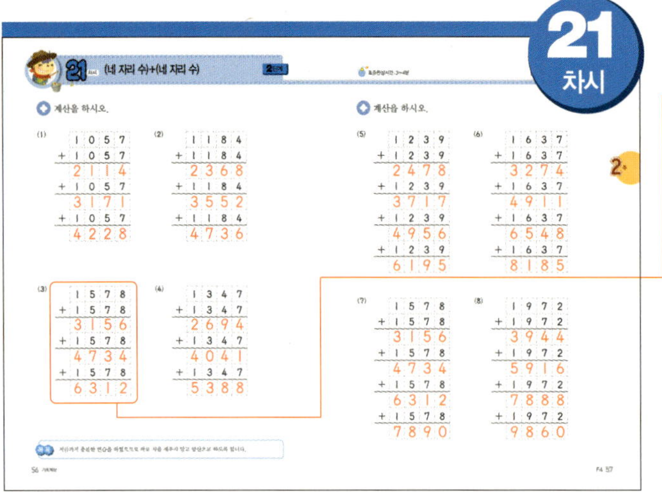

56~57쪽

지금까지 충분한 연습을 하였으므로 따로 식을 세우지 않고 암산으로 계산할 수 있도록 합니다.

58~59쪽

한 번의 실수로 전체가 틀릴 수도 있으므로 실수하지 않도록 주의합니다.

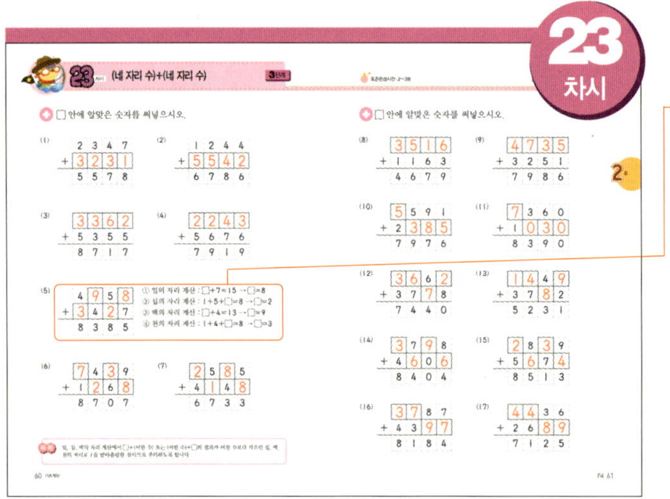

60~61쪽

일, 십, 백의 자리 계산에서 □+(어떤 수) 또는 (어떤 수)+□의 결과가 어떤 수보다 작으면 십, 백, 천의 자리로 1을 받아올림한 것이므로 주의하도록 합니다.

윗줄부터 차례로 계산해 보고 계산할 수 없을 때에는 계산할 수 있는 곳을 먼저 계산하여 빈칸의 수를 구하도록 합니다.

체크 포인트

① 이전에 배운 내용(받아올림이 있는 두 수의 덧셈)을 이 단계에 얼마나 잘 적용하여 쓸 수 있는지 살펴보도록 합니다.

② 학업 성취도가 낮은 부분에 대해서는 해당 단계를 반복하여 학습하도록 합니다.

③ 매일매일의 학습량을 미루지 않고 처리할 수 있도록 지도합니다.

④ 틀린 사항은 정확히 지적하여 바로 잡아 주고, 학습이 잘 되었으면 칭찬 등의 보상으로 자신감을 길러줍니다.

3주 (네 자리 수) − (세 자리 수)

지도 방법

1. 받아내림이 있는 (네 자리 수)−(세 자리 수)의 계산을 학습하기 전에 받아내림이 있는 두 수의 뺄셈 문제를 바르게 해결하고 해결 과정의 원리를 익히고 있는지 확인해 봅니다.
2. 계산 순서에 맞게 뺄셈을 해결하도록 지도하고, 어려워 하는 어린이들은 받아내림한 수를 작게 써서 답을 구할 수 있도록 합니다.
3. 반복 학습을 통해 계산력을 향상시킬 수 있으나 다소 지루해 할 수 있으므로 다양한 유형의 문제를 제시할 수 있도록 합니다.

25차시

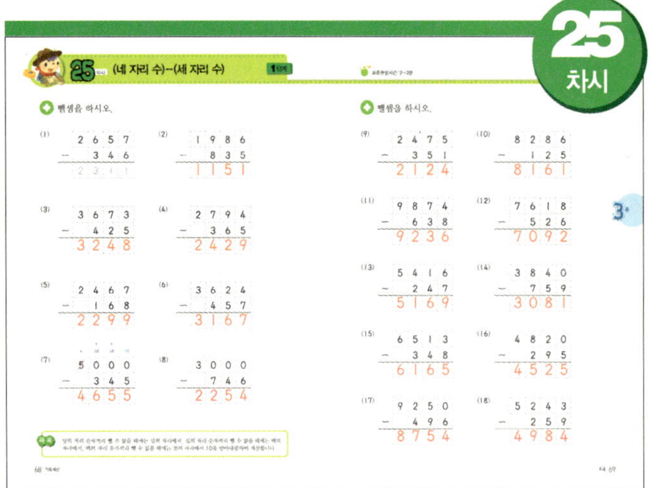

68~69쪽

일의 자리 숫자끼리 뺄 수 없을 때에는 십의 자리에서, 십의 자리 숫자끼리 뺄 수 없을 때에는 백의 자리에서, 백의 자리 숫자끼리 뺄 수 없을 때에는 천의 자리에서 10을 받아내림하여 계산합니다.

26차시

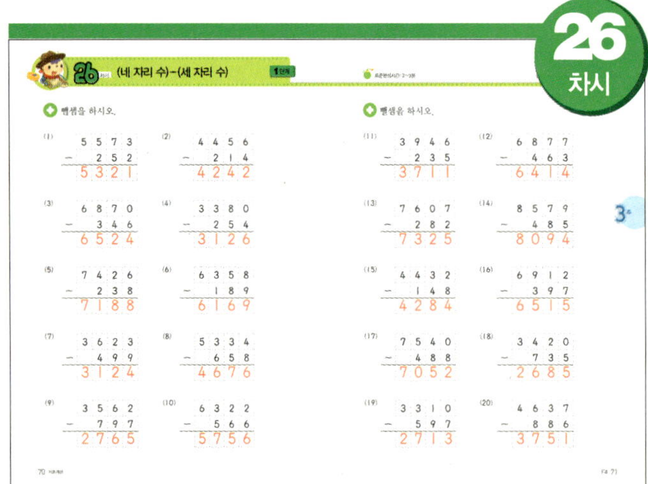

70~71쪽

일의 자리, 십의 자리, 백의 자리, 천의 자리의 순서로 받아내림에 주의하며 계산합니다.

각 자리 숫자끼리 뺄 수 없을 때에는 바로 윗자리에서 10을 받아내림하여 계산합니다.

일의 자리부터 받아내림에 주의하여 계산합니다. 이때, 계산이 자주 틀리거나 어려워지면 앞 단계를 다시 한번 차근차근 풀어보도록 합니다.

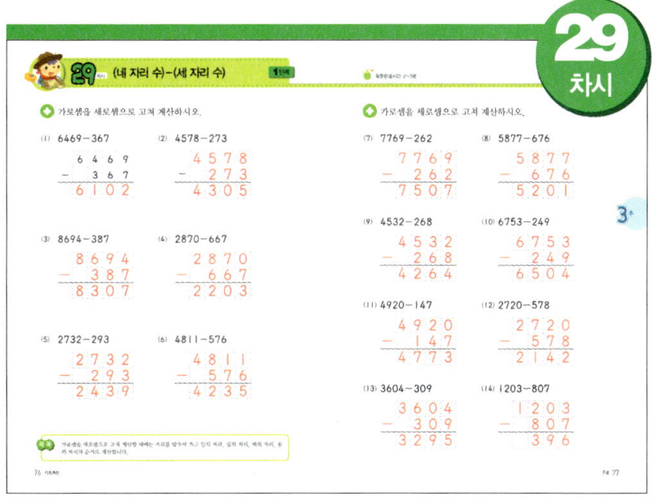

가로셈을 세로셈으로 고쳐 계산할 때에는 자리를 맞추어 쓰고 일의 자리, 십의 자리, 백의 자리, 천의 자리의 순서로 계산합니다.

정답 및 지도서 F4

30 차시

빼어지는 수와 빼는 수의 자릿수가 다르므로 자리를 잘 맞추어 쓸 수 있도록 지도합니다.

31 차시

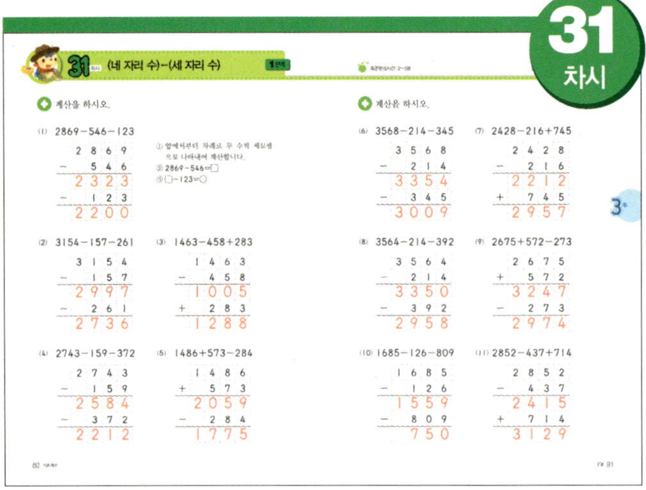

앞에서부터 차례로 두 수씩 세로셈으로 나타내어 계산합니다. 세 수의 덧셈과 뺄셈은 이와 같이 반드시 앞에서부터 차례로 계산해야 합니다.

32 차시

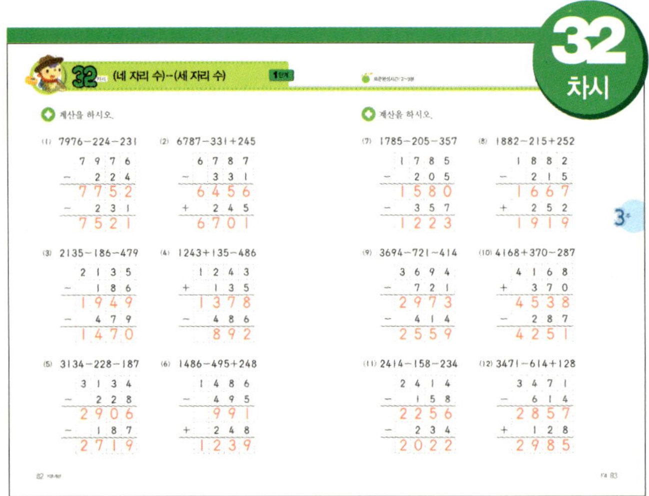

주어진 세 수의 각 자리의 숫자를 위에서부터 두 수씩 차근차근 계산하도록 합니다.

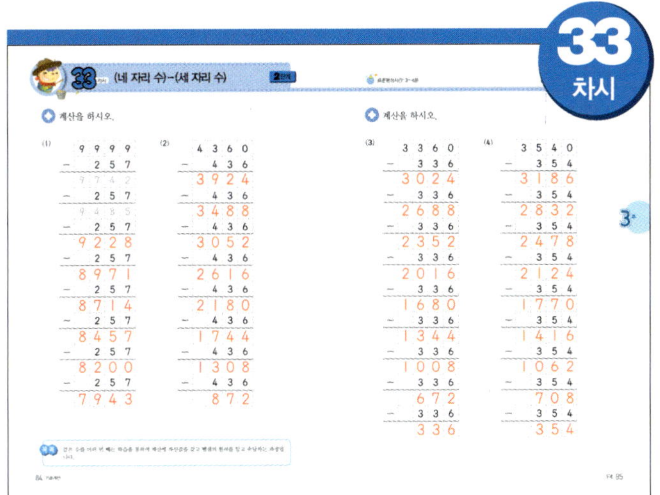

같은 수를 여러 번 빼는 학습을 통하여 계산에 자신감을 갖고 뺄셈의 원리를 알고 숙달하는 과정입니다. 계산 도중 답이 틀리면 그 다음에 계산한 답도 모두 틀리게 되므로 주의하도록 합니다.

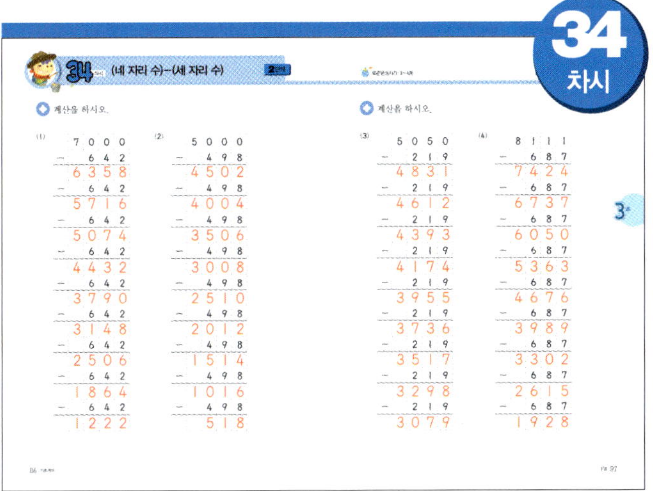

실수하지 않도록 주의하면서 암산으로 계산하도록 합니다.

받아내림에 주의하여 □ 안에 알맞은 수를 구합니다.

F4 · 정답 및 지도서 **137**

36 차시
90 ~ 91쪽
일의 자리의 □부터 차례로 받아내
림에 주의하며 구합니다.

4주 (네 자리 수)−(네 자리 수)

지도 방법

① 받아내림이 있는 (네 자리 수)−(세 자리 수)의 학습을 바탕으로 하여 받아내림이 있는 (네 자리 수)−(네 자리 수)를 학습하게 되므로 앞 단계의 학습이 충분한지 간단히 점검해 보도록 합니다. 앞 단원의 계산을 주저하거나 머뭇거리면 다시 반복 학습한 후 본 단계를 시작해야 합니다.

② 받아내림에 대한 연습은 앞 단계에서 충분히 이루어졌으므로 가능한 받아내림한 수를 쓰지 않고 계산할 수 있도록 지도합니다.

③ 학습이 잘 이루어진 경우 아낌없는 칭찬과 보상으로 자신감을 심어 줍니다.

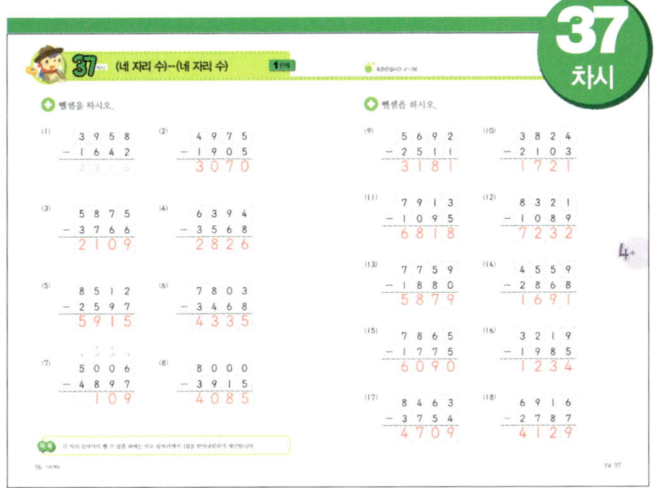

37차시

96~97쪽

각 자리 숫자끼리 뺄 수 없을 때에는 바로 윗자리에서 10을 받아내림하여 계산합니다.

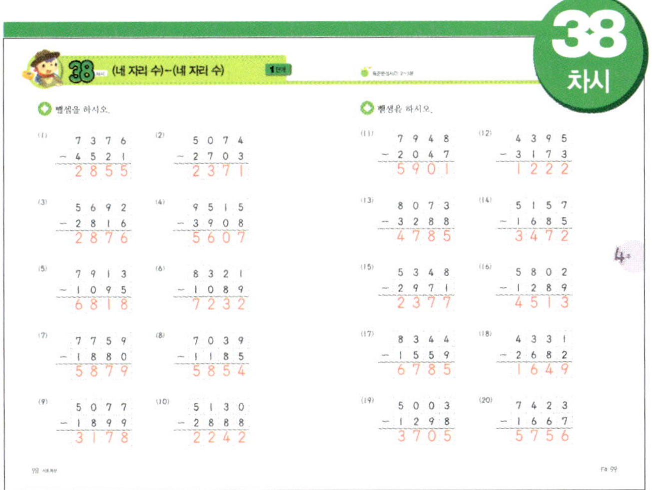

38차시

98~99쪽

일의 자리, 십의 자리, 백의 자리, 천의 자리의 순서로 받아내림에 주의하며 계산합니다.

39 차시

계산에 자신감을 가지면 받아내림한 수를 표시하지 않고 풀 수 있도록 연습합니다.

40 차시

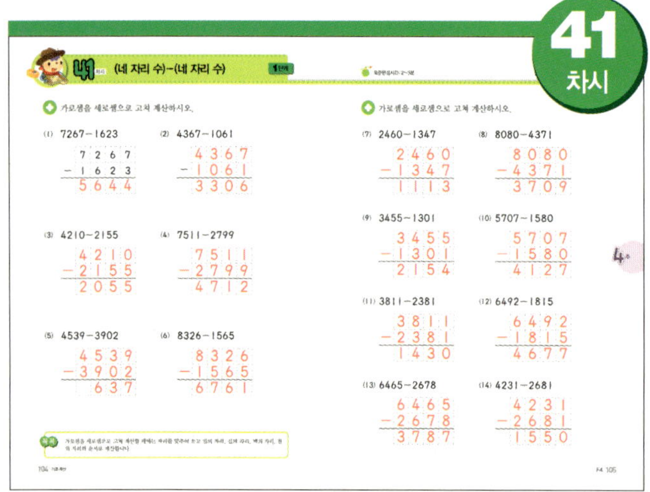

충분한 연습을 통해 암산으로 답을 쓸 수 있도록 노력합니다.

41 차시

가로셈을 세로셈으로 고쳐 계산할 때에는 자리를 맞추어 쓰고 일의 자리, 십의 자리, 백의 자리, 천의 자리의 순서로 계산합니다.

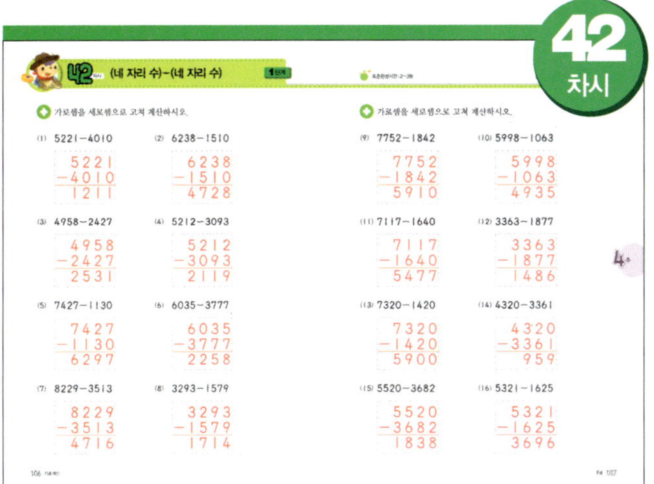

106~107쪽
가로셈을 세로셈으로 고쳐서 계산
하면 편리함을 알게 합니다.

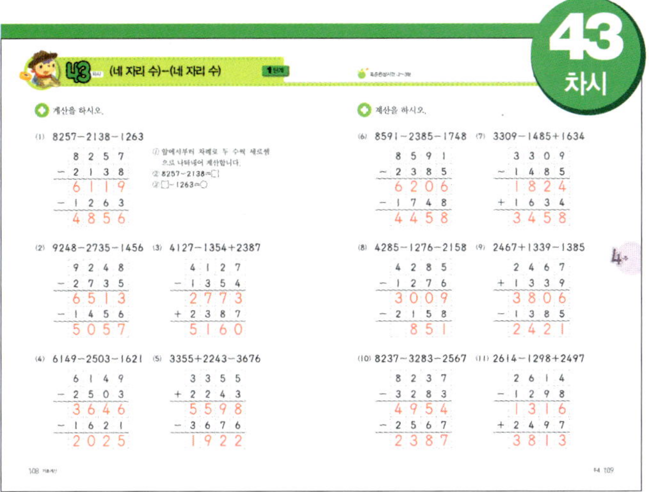

108~109쪽
앞에서부터 차례로 두 수씩 세로셈
으로 나타내어 계산합니다.

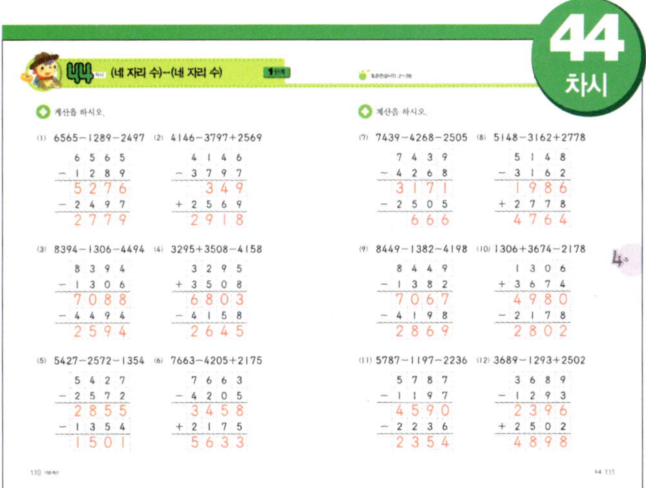

110~111쪽
세 수의 덧셈과 뺄셈은 반드시 앞
에서부터 두 수씩 차례로 계산해야
합니다.

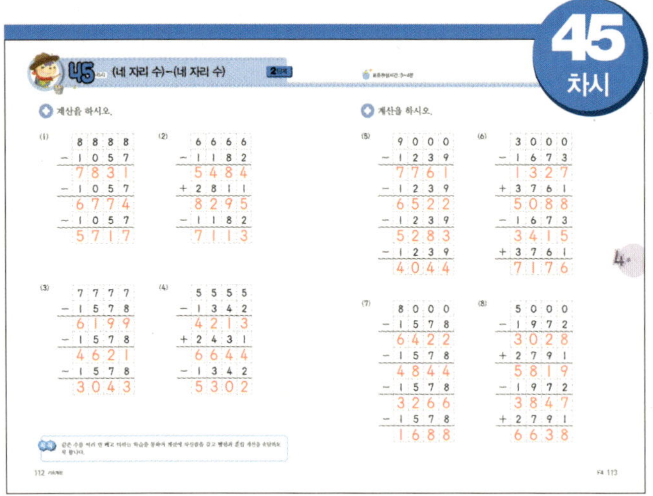

112~113쪽

같은 수를 여러 번 빼고 더하는 학습을 통하여 계산에 자신감을 갖고 뺄셈과 혼합 계산을 숙달하도록 합니다.

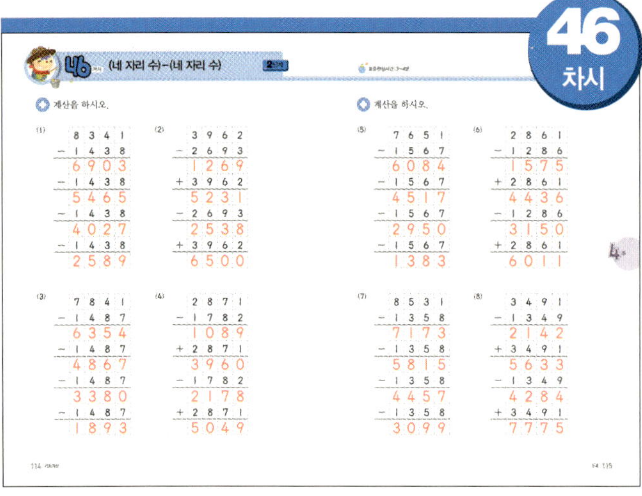

114~115쪽

학생 스스로 즐겁게 계산할 수 있도록 잘 풀었을 경우 아낌없이 칭찬을 하도록 합니다.

116~117쪽

계산 순서와 받아내림에 주의하여 □ 안에 알맞은 수를 구합니다.

채울 수 있는 빈칸부터 차례로 써 넣어 완성하도록 합니다.

체크 포인트

① 이전에 배운 내용(받아내림이 있는 두 수의 뺄셈)을 이 단계에 얼마나 잘 적용하여 쓸 수 있는지 살펴보도록 합니다.

② 학업 성취도가 낮은 부분에 대해서는 해당 단계를 반복하여 학습하도록 합니다.

③ 매일의 학습량을 미루지 않고 소화할 수 있게 지도합니다.

④ 틀린 문제는 원인을 스스로 찾아보게 함으로써 실수를 반복하지 않도록 합니다.

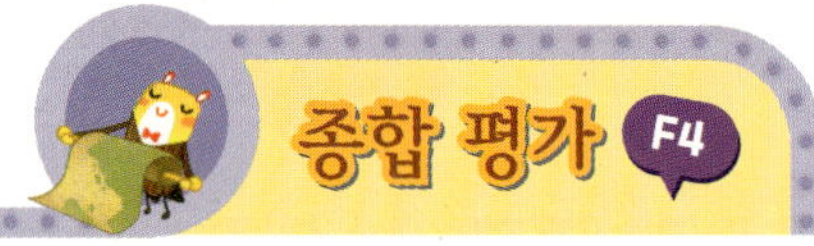

충분한 연습을 했으므로 구체물을 이용하지 않고 바로 답을 할 수 있도록 합니다. 어려워 할 경우 차근 차근 풀게 하거나 다시 앞의 과정을 연습하도록 합니다.

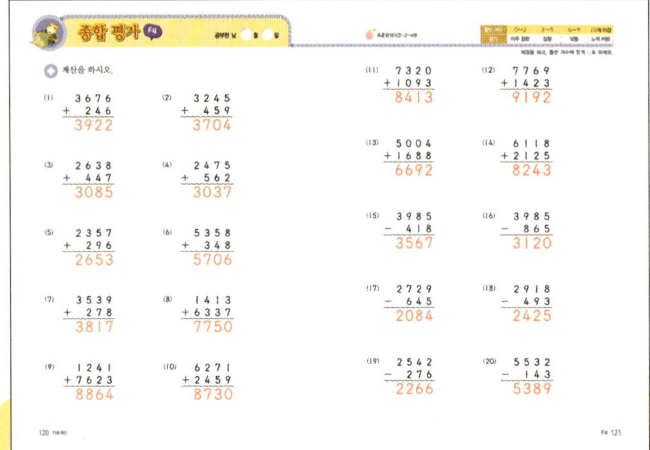

종합 평가 F4

계산을 하시오.

(1) 3676 + 246 = 3922
(2) 3245 + 459 = 3704
(3) 2638 + 447 = 3085
(4) 2475 + 562 = 3037
(5) 2357 + 296 = 2653
(6) 5358 + 348 = 5706
(7) 3539 + 278 = 3817
(8) 1413 + 6337 = 7750
(9) 1241 + 7623 = 8864
(10) 6271 + 2459 = 8730
(11) 7320 + 1093 = 8413
(12) 7769 + 1423 = 9192
(13) 5004 + 1688 = 6692
(14) 6118 + 2125 = 8243
(15) 3985 − 418 = 3567
(16) 3985 − 865 = 3120
(17) 2729 − 645 = 2084
(18) 2918 − 493 = 2425
(19) 2542 − 276 = 2266
(20) 5532 − 143 = 5389

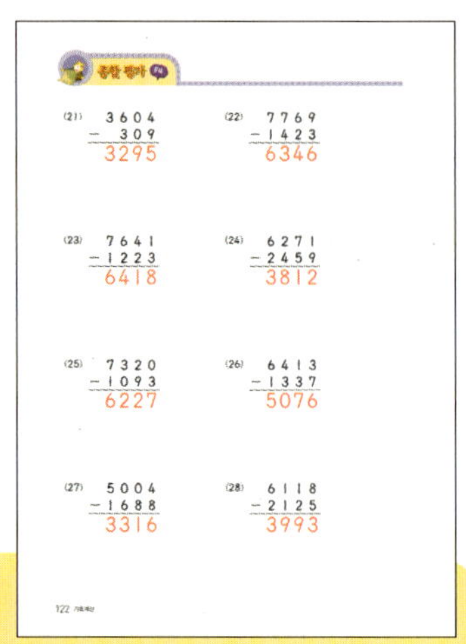

종합 평가 F4

(21) 3604 − 309 = 3295
(22) 7769 − 1423 = 6346
(23) 7641 − 1223 = 6418
(24) 6271 − 2459 = 3812
(25) 7320 − 1093 = 6227
(26) 6413 − 1337 = 5076
(27) 5004 − 1688 = 3316
(28) 6118 − 2125 = 3993